一目でわかる文章術

文章は「見た目」で決まる

国立国語研究所 教授
石黒 圭［編著］

ぱる出版

まえがき

　「あなたは何のために文章を書くのか」と問われたら、どのように答えますか。その答えを突きつめていくと、「書きたいから書く」「書かなければいけないから書く」の二つにたどり着きます。「書きたいから書く」は、Facebook や Instagram、Twitter などで自ら積極的に発信したい場合の前向きな動機でしょうし、「書かなければいけないから書く」は仕事上の書類や、メールや LINE への義務的な返信のような後ろ向きな動機です。いずれの場合も、文章は書き手の必要性から生まれるという点で共通しています。

　ところが、「書きたいから書く」「書かなければいけないから書く」では、何か忘れられていないでしょうか。そうです、読み手の存在です。私たちが文章を書く第一の目的は、書く必要性があるからではありません。読み手に読んでほしいからです。私たちがどんなに時間をかけて苦労して文章を書いても、それが読まれなければ価値はゼロです。文章は読まれるために存在しています。

　私たちの身の回りには、「読んで！ 読んで！」と叫んでいる文章が山のように存在しています。街なかにあふれる広告も、日々拡散される無数のツイートも、ディスプレイに次々に現れるニュースも、すべて「読んで！ 読んで！」と叫んでいます。

　情報オーバーロードという言葉があります。ICT が過剰に発達したこの情報過多の時代において、情報の洪水に私たちが溺れ、必要な情報にたどり着けなかったり、問題の本質を理解できなかったり、得た情報を適切に使って意思決定できなかったりする状態を表す言葉です。そうした情報オーバーロードの時代に、「書きたいから書く」「書かなければいけないから書く」という読み手不在の文章を

投げても、お腹がふくれた鯉の池にエサを投げるようなもので、誰も見向きもしません。私たちが書いた文章を本気で読み手に届けたければ、「読み手が読みたくなる文章」を書くことが必要です。

　では、「読み手が読みたくなる文章」とはどんな文章でしょうか。その問いに多くの人は「読みやすい文章」と答えるのではないでしょうか。もちろん、それは正しい答えなのですが、本書ではさらに1歩踏みこみ、あえて「読みやすい文章」である以前に、「見やすい文章」でなければならないと主張したいと思います。

　これだけ世の中に活字があふれていると、多くの人は「ぱっと見」「ちら見」でその文章を読むかどうかを考えます。つまり、読み手に読んでもらうには、見た目がわかりやすい文章であることが前提となるのです。本書はこの点に着眼し、「読みやすさ」よりも「見やすさ」を極めようと考えました。

　とはいえ、「見やすさ」を極めるのに、派手な方法や奇抜な方法は用いません。そうした奇をてらった方法は長持ちしないからです。本物は地味でシンプルです。その多くは「当たり前のこと」です。しかし、ちまたには、その「当たり前のこと」、すなわち基本ができていない文章があまりにも多いのです。おそらく、「見やすさの基本」が、国語の授業のなかでも、ビジネスの研修においても、きちんと教えられることがないので、なんとなく見よう見まねでやっているというのが現実なのではないでしょうか。

　本書は「見やすい文章の基本」を、記号、文字、レイアウト、文章構成、感覚表現の五つの観点から学ぶ本です。当たり前だけど、ときどき目から鱗の「見やすい文章の基本」を、本書を読むなかでぜひ体感してください。そうすれば、私たちの文章は、読み手が「続きを読んでみようか」と思う、読み手に届くものになるはずです。

第 3 部

レイアウトを操る

第4部

文章構成を整える

第 **1** 部
記号を駆使する

　読点や句点、カッコ、感嘆符などのことを記号といいます。これらは、補助記号と呼ばれることもあります。

　しかし、本書のテーマである「見やすさ」や「読みやすさ」という観点からみると、これらの記号はけっして補助的なものではありません。むしろ、記号があるからこそ、文章が魅力的に " 映える " のです。

　第1部では、これらの記号をうまく使いこなすことで、自分の気持ちを文にのせて伝える方法を学びます。

Chapter 1

魅せる読点の使い方

01 > 読点のさじ加減を意識する

【問題】次の文章はどちらのほうが見やすいでしょうか。

（1）明日以降、弊社の、社員一同、感染防止のために、マスクを、着用し、接客させていただくことに、なりました。また、手洗い、消毒、うがいなどの対策も、徹底いたします。今後も、清潔な身だしなみを、前提とし、より、一層、社員の、状況の確認、健康管理に、つとめてまいりたい、と思いますので、ご了承のほど、よろしく、お願いいたします。

（2）明日以降弊社の社員一同感染防止のためにマスクを着用し接客させていただくことになりました。また手洗い消毒うがいなどの対策も徹底いたします。今後も清潔な身だしなみを前提としより一層社員の状況の確認健康管理につとめてまいりたいと思いますのでご了承のほどよろしくお願いいたします。

　読点の打ち方には、厳密なルールというものは存在していません。そのため、日本語の文章では、読点の打ち方にその人の個性が現れます。みなさんも文章を読んでいるときに読みにくさや見にくさを感じることはありませんか。そう感じる理由の一つとして考えられるものに、読点の打ち方があります。

読点を打つバランスを意識する

　（1）と（2）は同じ内容の文章です。ですが、（1）の文章には読

点がたくさん打たれ、（2）の文章には読点が一つも打たれていません。正直なところ、どちらも見やすい文章ではありません。

　このように、読点をないがしろにしてしまうと、文章自体の読みやすさに大きな影響を与えます。**読点は多すぎても少なすぎても読みにくく、わかりにくくなってしまうのです。**

　では、どのように読点を打てばいいのか。次の第2節以降では、そのポイントを説明していきたいと思います。

💡 **Before**

　明日以降、弊社の、社員一同、感染防止のために、マスクを、着用し、接客させていただくことに、なりました。また、手洗い、消毒、うがいなどの対策も、徹底いたします。今後も、清潔な身だしなみを、前提とし、より、一層、社員の、状況の確認、健康管理に、つとめてまいりたい、と思いますので、ご了承のほど、よろしく、お願いいたします。

⬇

💡 After

　明日以降、弊社の社員一同、感染防止のためにマスクを着用し、接客させていただくことになりました。また、手洗い、消毒、うがいなどの対策も徹底いたします。今後も清潔な身だしなみを前提とし、より一層、社員の状況の確認、健康管理につとめてまいりたいと思いますので、ご了承のほど、よろしくお願いいたします。

まとめ 🖋

☑ 読点の量：読点は多すぎても少なすぎても読みにくくなります。バランスを考えて打つようにしましょう。

11

TOPIC

**02 > 読点で係り受けを
わかりやすく示す**

【問題】わかりやすくなるように読点の位置を直してみましょう。

ワカメはマスオの妻で、タラオの母であるサザエの妹である。

　読点は、文や節、語のあいだに打つ楔（くさび）のようなもので、読点を打つことによって文の構造をわかりやすく示し、誤解を生まないようにする記号です。そんな**読点が持つ機能の一つに、係り受け（修飾／非修飾）を示すという機能があります。**

言葉と言葉の結びつき（関係性）を意識する

　【問題】を見てみましょう。この文を読むと、「ワカメ ＝ マスオの妻」という解釈になってしまいます。実際には、ワカメはマスオの義理の妹であり、妻ではありません。「ワカメは」の係り先は、述語である「妹である」なのですが、お互いに距離があるうえに「姉であり」のあとに読点が打たれているために「ワカメはマスオの妻で」が一つのまとまりに見えてしまいます。

　そこで、以下のようにするとわかりやすくなります。

💡 **Before**

ワカメはマスオの妻で、タラオの母であるサザエの妹である。

⬇

💡 After

ワカメは、マスオの妻でタラオの母であるサザエの妹である。

「ワカメは」の直後に読点を打ち、「マスオの妻で」のあとの不要な読点を省くことで、「ワカメは」の係り先が「妹である」ことがわかるようになります。

係り受けの読点はこのように、離れている言葉と言葉を結びつけ、対応関係をはっきりさせるものです。**主語と述語のあいだに距離があるときには、読点を打つようにするといいでしょう。**

離れている語同士の対応をはっきりさせる機能

ワカメは␣、␣－－－－－－－－－－－－－妹である。

とくに、**主語のあとの助詞が「は」であるとき、かつ、そのあとの文が長くなったと感じたときに読点を打つと、その文はとても読みやすくなるでしょう。** たとえば、次の文では、「ペット探偵というのは」のあとに読点を打つことで、文末の「お仕事です」との対応関係が明確になり、読みやすくなります。

・ペット探偵というのは、ペットのいそうな場所を探したり迷子のペットのポスターを近所に貼ったりして、行方不明になってしまったペットを捜索・保護するお仕事です。

まとめ

☑ 係り受けの読点：**主語と述語が遠いときに読点を打ちましょう。とくに、「主語」＋「は」の形で1文が長いときはかならず打ちましょう。**

03 > 読点で節のまとまりを わかりやすく示す

【問題】文の構造がわかりやすくなるように読点の位置を直してみましょう。

あの夕焼けは今まで見た景色のなかでも格別であったし、東南アジアの多様なエスニック料理を、味わうことができたし貧乏宿でできた海外の友人と、酒を飲みながら、語り明かしたりもできた。

　ここでは、節のまとまりを示すための読点の打ち方を見ていきましょう。

節のまとまりと文の構造を意識する

　【問題】の文のわかりにくさは、読点が文の構造に合わせて打たれていないことが原因です。この文の読点の直後に改行を入れて、構造を見てみましょう。

a. あの夕焼けは今まで見た景色のなかでも格別であったし、
b. 東南アジアの多様なエスニック料理を、
c. 味わうことができたし貧乏宿でできた海外の友人と、
d. 酒を飲みながら、
e. 語り明かしたりもできた。

　こうやって見てみると、それぞれの長さが違うことがわかります。長さというのは文字数ではなく、文の構造からみた長さのことです。
　節のまとまりを意識した読点は、「逆接」と「並列」を表す「が」

「けれど（も）」「し」のあとに打ちます。

　a. では「〜し」の直後に読点が打たれているのに、c. では打たれていません。ですので、以下のように「〜し」の直後に読点を打たなければなりません。

東南アジアの多様なエスニック料理を味わうことができたし、

　さらに、c. の「貧乏宿でできた海外の友人と」と d. は、e. と一続きの文なので、「と」と「ながら」の直後の読点は不要です。

貧乏宿でできた海外の友人と酒を飲みながら語り明かしたりもできた。

　そして、b. は「料理を味わうことができた」までで一つなので、読点を「を」のあとで打つ必要はありません。

　まとめると、以下のようになります。

💡 Before

あの夕焼けは今まで見た景色のなかでも格別であったし、東南アジアの多様なエスニック料理を、味わうことができたし貧乏宿でできた海外の友人と、酒を飲みながら、語り明かしたりもできた。

⬇

💡 After

あの夕焼けは今まで見た景色のなかでも格別であったし、東南アジアの多様なエスニック料理を味わうことができたし、貧乏宿でできた海外の友人と酒を飲みながら語り明かしたりもできた。

15

読点を打ったほうがいい接続助詞と打たないほうがいい接続助詞

　下の図は、読点の打たれやすさを接続助詞ごとにまとめたものです。

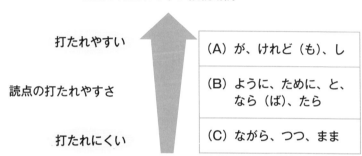

読点が打たれやすい接続助詞

打たれやすい

読点の打たれやすさ

打たれにくい

（A）	が、けれど（も）、し
（B）	ように、ために、と、なら（ば）、たら
（C）	ながら、つつ、まま

　（A）の**接続助詞「が」「けれど（も）」「し」**が使用されているときには、かならず読点を打ってもいいと考えてかまいません。

・私は彼女が大好きだ**が**、彼女は私を好きではないようだ。
・私は彼女が大好きだ**けれど**、彼女は私を好きではないようだ。
・私は彼女が大好きだ**し**、彼女も私を大好きなのがわかる。

　また、（C）の**接続助詞「ながら」「つつ」「まま」**を使ったときには、**直後に読点を打たないほうがいい**でしょう。

・今日も酒を飲み**ながら**テレビを見ている。
・今日も酒を飲み**つつ**テレビを見ている。
・テレビをつけた**まま**寝てしまった。

（B）の接続助詞「ように」「ために」「と」「なら（ば）」「たら」
は、読点を打ったほうがいいときと打たないほうがいいときがあり
ます。打たないほうがいいときは次のような場合です。

名詞修飾の内部で使われている場合
・[感染拡大を**防ぐために**自衛できる]ことはなんだろうか。

**同じ（B）の接続助詞や（C）の接続助詞の内部で使用されている
場合**
・[彼と同じ**ように**コツさえつかめれ]ば、きっとできるはずだ。

　また、**連用形中止のあとでは、読点を打ったほうが見やすくなり**
ます。
・朝ごはんを**食べ**、急いで準備を**し**、散歩に行った。

まとめ

☑ 節のまとまりを示す読点：**文の構造を考えて読点を打つよう**
　にしましょう。
☑ 読点を打ったほうがいい接続助詞：「逆接」を表す「が」や
　「けれど（も）」、「並列」を表す「し」や連用形中止には**読点**
　を打ちましょう。
☑ 読点を打たないほうがいい接続助詞：「ながら」「つつ」「まま」
　のあとには読点は打たないようにしましょう。

読点を使って
並列を見やすくする

【問題】 わかりやすくなるように並列の示し方を直してみましょう。

(1) キャッシュカード、通帳、印鑑をお持ちいただかないとお手続きはできません。

(2) こちらから、土曜日の朝、夕方、日曜日の夕方、月曜日の朝にメールをいれているのですが、連絡がきません。

(3) 朝食は、五穀米・豆腐のみそ汁・たくあんの漬物だった。

(4) 久しぶりの彼女とのデートなので、楽しみというか・ドキドキするというか・不思議な気持ちでいっぱいだ。

ここでは、言葉を並べて示す方法について考えていきます。言葉を並べて示すさいに気をつけなければいけないことは、**言葉同士の関係性がわかりやすくなっているか**ということです。

助詞を使って並列を見やすくする

まず、(1) の例文は間違いではありません。ですが、読み手にはキャッシュカードと通帳の両方を持っていかなければいけないのか、それとも、キャッシュカードか通帳のどちらかを持っていけば大丈夫なのかがわかりません。つまり、複数の解釈を与えてしまうため、好ましくありません。

読点だけで並列を示すと、意味がわかりにくくなってしまうことがあります。このようなときには、読点を打たず、「または」や「と」などを使うことで、意味をはっきりさせることが大切です。

三つ以上の言葉を並べて見やすくするには、一つ目と二つ目の言

葉のあいだに読点を打たずに、並列助詞や接続詞を使うことを心が
けましょう。

💡 **Before**

（1）キャッシュカード、通帳、印鑑をお持ちいただかないとお手
続きはできません。

⬇

💡 After

（1a）キャッシュカード**または**通帳、**および**印鑑をお持ちいただか
ないとお手続きはできません。

（1b）キャッシュカードと通帳と印鑑の**3点**をお持ちいただかない
とお手続きはできません。

　助詞と読点を組み合わせて言葉を並べる方法は以下のとおりです。
また、接続詞「または」「および」などを「A」と「B」のあいだ
に使用することで、言葉と言葉の関係性がわかるようになり、見や
すくなります。

三つの言葉の並べ方の例

A	と	B	、	C	の三つ
A	や	B	、	C	など
A	も	B	も	C	も
A	または	B	および	C	
A	および	B	または	C	

中点を使って並列を見やすくする

　つぎに、（2）を見てみましょう。これは実例を少し短くしたもの

る読点の使い方

です。本当は「土曜日の朝」「土曜日の夕方」「日曜日の夕方」「月曜日の朝」という並列なのですが、「夕方」の前の「土曜日の」を省略しているせいでわかりにくくなっています。

　見やすくする方法が二つあります。一つは、先ほど述べたように助詞を使う方法です。また、もう一つの方法は、読点の代わりに中点「・」を使う方法です。

💡 **Before**

(2) こちらから、土曜日の朝、夕方、日曜日の夕方、月曜日の朝にメールをいれているのですが、連絡がきません。

⬇

💡 After

(2a) こちらから、**土曜日の朝と夕方**、日曜日の夕方、月曜日の朝にメールをいれているのですが、連絡がきません。

(2a) こちらから、**土曜日の朝・夕方**、日曜日の夕方、月曜日の朝にメールをいれているのですが、連絡がきません。

　読点ではなく、中点を使うことで、読点を使った並列とは異なるレベルでの並列であることが示せます。たとえば、次の例を見てください。この例では、「京都」「大阪」「神戸」が中点で並べられています。こうすることで「京阪神」感を出すことができます。

・今回は静岡、浜松、名古屋、京都・大阪・神戸、広島をめぐる予定です。

　つまり、**読点で示した並列のなかに別の並列関係がある場合には、読点でなく中点を使うと見やすく、わかりやすくなります。**

語句や文の並列は読点を使う

　このように、小さなまとまりを示せる中点ですが、気をつけないといけないことがあります。それは、**中点は句や文レベルの並列で使用すると見にくい**ということです。ですので、(3)(4) の例のような場合にはかならず読点を打って並列を示しましょう。

💡 **Before**

(3) 朝食は、五穀米・豆腐のみそ汁・たくあんの漬物だった。

(4) 久しぶりの彼女とのデートなので、楽しみというか・ドキドキするというか・不思議な気持ちでいっぱいだ。

⬇

💡 After

(3) 朝食は、五穀米、豆腐のみそ汁、たくあんの漬物だった。

(4) 久しぶりの彼女とのデートなので、楽しみというか、ドキドキするというか、不思議な気持ちでいっぱいだ。

まとめ

☑ 並列の見せ方：前後の関係を考えることがとても大切です。

☑ 並列の読点：並列助詞や接続詞を使うと、前後の関係が限定され、誤解なく表現できます。

☑ 中点の並列：短い語同士の関係を示すさいには、中点を使うと見やすくなりますが、句や文では中点ではなく読点を打ちましょう。

映えるカッコの使い方

カッコの種類と使い方を確認する

【問題】読みやすくなるようにカッコの使い方を直してみましょう。

『入浴時間』は、《午前9時から午後8時半まで》（最終入場は午後8時）です。

　かぎカッコが会話文や本の題名を示すのに使われるのは、よくご存じだと思います。では、そのほかのカッコはどうでしょうか。カッコの種類とそのなかに含まれる内容の特徴をまとめると、右ページの表のようになります（なお、このまとめは厳密なものではなく、人によって使い方は異なります）。

　この表から、カッコには、**カッコ内の文を補足的にするか、反対に目立たせるかという文の見せ方にかかわる機能**があることがわかります。

　また、カッコの使いすぎは、文章をわかりにくくします。【問題】を見てみると、ほとんどのカッコは不要であることがわかります。本当に必要なのは、（　）だけです。

💡 **Before**

『入浴時間』は、《午前9時から午後8時半まで》（最終入場は午後8時）です。

⬇

After

入浴時間は、午前９時から午後８時半まで（最終入場は午後８時）
です。

　ビジネスにおいて使うカッコは（　）【　】「　」の三つが基本です。
この章では、この三つのカッコを中心に紹介します。

カッコの種類とそのなかに含まれる内容の特徴

カッコ	カッコの名前	カッコのなかの特徴
（　）	パーレン（丸カッコ）	・注釈や補足 ・引用 ・言い換え
【　】	隅付（すみつき）カッコ	・重要な箇所の強調
「　」	かぎカッコ	・会話文や発話の引用 ・強調
" "	クォーテーションマーク	・（主に欧文の）引用やタイトル ・強調
『　』	二重かぎカッコ	・題名（書籍や映画など） ・かぎカッコのなかの会話
〈　〉	角カッコ	・強調

まとめ

☑ カッコを使うときの注意点：カッコの使いすぎはカッコ悪い
　ので気をつけましょう。

☑ ビジネスで使うカッコ：（　）【　】「　」の三つが基本的なものと
　考えましょう。

パーレンを使って
文を見やすくする

【問題】パーレンを使って見やすくしてみましょう。

（1）画像の無断利用は厳禁です。最近本当に盗用が多いので。
（2）本当に注射が怖いんです。見るのも無理なくらい！

　パーレン、いわゆる丸カッコ（　）は文中や文末につけ、そのなかに補足する語や文などを書きます。ですが、**パーレンは論文やレポートといった硬い文章などでは使うのは避けたほうが賢明**です。硬い文章では、パーレンではなく、脚注や後注といった注を用います。では、どんなときにパーレンを使えばいいのでしょうか。

文末にまとめてカッコを使う

　硬い文章で、どうしてもカッコを使いたい場合は、文中ではなく文末にパーレンをつけてまとめて書きます。そうすると、補足情報ということが明確になります。**書いておかないと誤解を招くような可能性がある**と思ったときに使うようにしましょう。

💡 **Before**

（1）画像の無断利用は厳禁です。最近本当に盗用が多いので。

⬇

💡 **After**

（1）画像の無断利用は厳禁です（**最近本当に盗用が多いので**）。

　また、このときの句点は、新聞や教科書などでは閉じパーレンの

あとにつける傾向があります。一方、ブログなどの web 媒体の柔らかい文章では、句点をどこにもつけない傾向があります。

文中のパーレンでは自分の気持ちを伝える

　文中のパーレンは、ブログや SNS などの柔らかい文章で**自分の本当の（裏の）気持ちを伝えたりしたいと思ったとき**に使用します。

 Before
(2) 本当に注射が怖いんです。見るのも無理なくらい！

⬇

 After
(2) 本当に注射が怖い（**見るのも無理！**）んです。

　そのほかにも、自分へのツッコミや自虐などを書くときによく使われます。

・締め切り二日前なのに、原稿が書きおわらない（**無理かも**）…。
・先生のご指導（**という名のお叱り**）をいただいて泣きそう www

まとめ

☑ パーレンの使い方：硬い文章では使わないようにしましょう。

☑ 文末のパーレンの使い方：誤解を生まないようにするための補足情報を書きましょう。

☑ 文中のパーレンの使い方：自分の本当の（裏の）気持ちを伝えたりするときに使いましょう。

TOPIC
03 > # 隅付カッコを使って
読み手の目を惹く

【問題】隅付カッコをつけて、見やすく、わかりやすくしてみましょう。

(1) 件名：ご返信願います。明日の会議の出欠について
(2) 中級者向けのピボットテーブルの使い方！

　隅付カッコは、メールを送るさいの件名の頭に使うとわかりやすいです。たとえば、After 1のようにすると返信が必要であることを目立たせることができます。

💡 **Before**
(1) 件名：ご返信願います。明日の会議の出欠について

⬇

💡 **After1**
(1) 件名：**【要返信】**明日の会議の出欠について

　そのほかにも短い表現と【 】を組み合わせると、読み手に見やすく、かつ、わかりやすくなります。

【 】と組み合わせて使うとわかりやすい表現の例
【返信お願い】【再送】【再連絡】【お知らせ】【ご案内】
【お礼】【重要】【至急】【緊急】【リマインド】【お詫び】

　もしくは、After 2のように【 】に具体的な情報を書くと、さらに読み手に見やすく、わかりやすくなります。

> 💡 **Before**
> (1) 件名：ご返信願います。明日の会議の出欠について
>
> ⬇
>
> 💡 After2
> (1) 件名：【重要・出欠確認】明日の会議について

見出しの最初にも使うことで目立たせることができる

隅付カッコはメールだけでなく、ブログの題名などの見出しでも使用することができます。

> 💡 **Before**
> (2) 中級者向けのピポットテーブルの使い方！
>
> ⬇
>
> 💡 After
> (2) 【中級者向け】ピポットテーブルの使い方！

Before のように語を並べるより、After のように【】で【中級者向け】としたほうが読み手の目を惹きます。

隅付カッコを使用するさいは、【中級者向け】のように名詞で終わらせたほうがすっきりとして目立たせることができ、好印象です。

まとめ

☑ 隅付カッコの機能：短い表現を入れることで、読み手の目を惹くことができます。

☑ 隅付カッコの使いどころ：メールの件名やブログの題名などでは、文頭に【】を使って用件を示すと効果的です。

かぎカッコの使い方を
学び直す

【問題】かぎカッコをつけてわかりやすくしてみましょう。

(1) 会議で本書のテーマは見やすさですと説明された。
(2) 私は妻に先生がこれから禁酒する！って言ってたと伝えた。
(3) 目分量は文字通り正しい分量を目で覚えることです。
(4) 我が家の先生は家事も手伝わず、いつも偉そうにしている。
(5) 外資のハゲタカが国内の企業を買いあさっている。

　かぎカッコが会話であることを示したり、引用であることを示したりするために使う記号であることは、みなさんも小学生のころに勉強したと思います。しかし、**じつは、学校で習ったかぎカッコの使い方と社会でのかぎカッコの使い方は異なっています。**

閉じかぎの直前に句点を打たない

　（1a）のように「閉じかぎの直前に句点を打つ」というのは学校教育で教えられた使い方だと思います。しかし、実際には、句点を打たない（1b）のような使い方が圧倒的に多いです。どちらも間違いとはいえませんが、**閉じかぎの前の句点はとくに必要だと思わなければ打つ必要はありません。**

💡 **Before**

(1) 会議で本書のテーマは見やすさですと説明された。

⬇

💡 **After**

（1a）会議で「本書のテーマは見やすさです。」と説明された。

（1b）会議で「本書のテーマは見やすさです」と説明された。

必要な箇所のみを引用のかぎカッコで示す

　また、**論文などの硬い文章では、かぎカッコを使った相手が言った（書いた）ことを正しく引用しなければなりません**。ですので、引用元の文のなかの「ている」は引用で示すかぎカッコのなかに入れる必要はありません。

読点の打ち方にかんする問題が山積している。【引用元の文】
↓
岩崎（2017）では、「**読点の打ち方にかんする問題が山積し**」た状態であると指摘している。

かぎカッコのなかにかぎカッコを入れるときに注意する

　（2）は、発話のなかに発話があるものです。学校教育では、（2a）のように内側の発話には二重かぎカッコを使うと習います。しかし、実際には、（2b）のようにどちらもかぎカッコを使用することが多く見られます。「見やすさ」という観点から考えたら、やはり学校教育で習った（2a）のように二重かぎカッコを使ったほうがよいでしょう。

💡 **Before**

（2）私は妻に先生がこれから禁酒する！って言ってたと伝えた。

↓

💡 **After**

(2a) 私は妻に「先生が『これから禁酒する！』って言ってた」と
　　　 伝えた。

(2b) 私は妻に「先生が「これから禁酒する！」って言ってた」と
　　　 伝えた。

かぎカッコと二重かぎカッコを使い分ける

　先ほどの例のように、最近では、かぎカッコと二重かぎカッコが
使い分けられることは少なくなったようです。しかし、硬い文章の
代表である論文では、明確なルールが存在します。それは、**論文名
にはかぎカッコを、その論文が載っている書名には二重かぎカッコ
を使うというルール**です。また、ドラマやアニメなどでは、以下の
ように、**題名には二重かぎカッコを、話のタイトルにはかぎカッコ
をつけるという傾向**が見られます。

・岩崎拓也（2018）「読点が接続詞の直後に打たれる要因—Elastic
　　Net を使用したモデル構築と評価—」『計量国語学』31 巻 6 号、
　　pp. 426-442

・『ワンピース』第 1 話「俺はルフィ！ 海賊王になる男だ！」

かぎカッコを使ってキーワードを特別にする

　キーワードにかぎカッコを使うと、目立たせることができます。
一般的な意味とは異なる特別な意味だということを読み手に伝えら
れます。それは、たとえば強調の意味だったり、皮肉の意味だった
り、その言葉が持つ本来の意味とは違う意味であるということを示
したり、さまざまなニュアンスを生みだすことができます。

💡 **Before**

(3) 目分量は文字通り正しい分量を目で覚えることです。

(4) 我が家の先生は家事も手伝わず、いつも偉そうにしている。

(5) 外資のハゲタカが国内の企業を買いあさっている。

⬇

💡 **After**

(3) 目分量は文字通り正しい分量を「**目**」で覚えることです。

(4) 我が家の「**先生**」は家事も手伝わず、いつも偉そうにしている。

(5) 外資の「*ハゲタカ*」が国内の企業を買いあさっている。

かぎカッコの使いすぎには注意する

このように、キーワードをかぎカッコで見やすくするという傾向は、ここ最近さらに多くなってきたようです。週刊誌の見出しを見てみるとカギカッコばかりが目立ちます。かぎカッコは、いわば「特効薬」のようなもので、**使いすぎると何が大切なのかがわからなくなる**という「副作用」があります。ですので、ここぞというとき以外は使用しないほうが賢明でしょう。

まとめ

☑ かぎカッコの使い方：閉じかぎの直前の句点は必要ではない。

☑ 引用のかぎカッコ：必要な箇所のみをくくるようにしましょう。

☑ かぎカッコと二重かぎカッコ：発話に発話が重なるときは、内側の発話を二重かぎカッコで示すとわかりやすいです。

☑ 目立たせるためのカギカッコ：キーワードらしさが際立ち、さまざまなニュアンスを与えることができます。ただし、このかぎカッコの使いすぎには注意しましょう。

惹きつける符号の使い方

三点リーダを使って
気持ちを込める

【問題】三点リーダを使って気持ちを込めるにはどうしたらいいで
しょうか。

（1）私だって本当はやりたくなかったんです。
（2）なんとかいたしますので、今しばらくお待ちください。

　符号を使うことで、書き手の気持ちを読み手に伝えることができ
ます。この章では、気持ちの入った文が書けるようになるための符
号の使い方を紹介します。

三点リーダを使って気持ちを表す

　気持ちを伝えるには、三点リーダ「…」を使うのが効果的です。
**三点リーダは、気持ちを表したり、「間」があることを示したりす
ることができる符号です。**とくに、ビジネス場面で、三点リーダを
使うと効果的になることがあります。この三点リーダを使うことで、
「お気持ち察してタイプ」と「情報読みとってタイプ」という二つ
のタイプの気持ちを伝えることができます。

💡 **Before**
（1）私だって本当はやりたくなかったんです。

⬇

💡 After
（1a）私だって本当はやりたくなかったんです…。
（1b）私だって本当は…。

（1a）は「お気持ち察してタイプ」で、三点リーダをつけることで「でも、やらざるをえなくてやらされました。すごく嫌だったんです」という気持ちが省略されているタイプです。

また、（1b）は「情報読みとってタイプ」で、言いよどみ文にして三点リーダをつけることで、「やりたくなかったんです」という情報を読みとってほしいという気持ちを伝えることができます。

なお、三点リーダは二つ重ねて「……」とするのが正しい使い方ですが、一つだけしか使わない人のほうが最近では多数派です。

三点リーダで時間の経過を示す

三点リーダを文頭に使うことで、「間」があることを示せます。Afterの場合は、「少し考えてみた」という間があったことを読み手に伝えることができます。「無理そうだけどがんばってみる」というニュアンスを伝えられるため、ビジネスメールなどで有効だと思います。

💡 **Before**

（2）なんとかいたしますので、今しばらくお待ちください。

⬇

💡 **After**

（2）…なんとかいたしますので、今しばらくお待ちください。

まとめ

☑️ 文末の三点リーダの機能：気持ちを表すことができます。

☑️ 文頭の三点リーダの機能：間があることを表すことができます。

疑問符と感嘆符を使って
気持ちを込める

【問題】疑問符と感嘆符を使って気持ちを込めるにはどうしたらいいでしょうか。

(1) 遅くとも水曜日までにお願いできますか。
(2) ご教示いただき大変助かりました。今後もよろしくお願いいたします。
(3) ご一緒してもよろしいのでしょうか？

　疑問符と感嘆符は一般的に硬い文章では用いられません。しかし、**ビジネスメールなどで、相手との距離を縮めたいと考えているのであれば、思い切って使ってみるとよいでしょう。**

疑問符と感嘆符は音を加えて気持ちを込める

　疑問符と感嘆符は、音声を符号化したものです。疑問符は相手にたずねるときの上昇調のイントネーションを、感嘆符は大きな声で発話するイントネーションを相手に与えます。

　(1) の「お願いできますか。」のように句点で終わってもいいのですが、句点だと冷たい印象を相手に与えてしまう場合があります。そこで、疑問符を使うことで冷たい印象をなくすことができます。

　また、(2) では気持ちを込めるために「助かりました」のあとに感嘆符をつけています。こうすることで、元気で若々しい印象とともに大変助かってありがたいという気持ちが伝わります。

> ## 💡 Before
> （1）遅くとも水曜日までにお願いできますか。
> （2）ご教示いただき大変助かりました。今後もよろしくお願いいたします。
>
> ⬇
>
> ## 💡 After
> （1）遅くとも水曜日までにお願いできますか？
> （2）ご教示いただき大変助かりました！　今後もよろしくお願いいたします。

三点リーダと組み合わせて使う

　三点リーダと組み合わせて使うことで、さらに違った印象を与えることができます。三点リーダと疑問符を組み合わせると、下から顔色をうかがいながら聞いているような感じを出すことができます。

> ## 💡 Before
> （3）ご一緒してもよろしいのでしょうか？
>
> ⬇
>
> ## 💡 After
> （3）ご一緒してもよろしいのでしょうか…？

まとめ 🖊

☑ 疑問符の機能：句点でなく疑問符を使うことで、冷たい印象を消すことができます。

☑ 感嘆符の機能：元気で若々しい印象を与えることができます。

記号は使いすぎに注意

　文章は何次元かご存じですか。答えは１次元なのですが、２次元と錯覚されがちです。その理由は改行があるからです。もし改行がなければ、今読んでいる見開きの紙面ではなく、白い紙テープに文字が延々と印刷された１次元の文字列を読むはめになり、苦痛です。改行のおかげで私たちは楽ができています。

　しかし、改行だけでは１次元の文字列は読みやすくなりません。そこで編みだされたのが、読点、句点、段落という「小」「中」「大」３段階の区切り符号です。「小」「中」「大」三つの区切り符号が使いこなせれば、文章は格段に見やすくなります。

　第２章で扱ったカッコも区切り符号ですが、読点・句点・段落とは性格が異なります。カッコはいわば一続きの言葉をくるむ包装紙で、この包装紙には２種類あります。目立たせる包装紙と、目立たせなくする包装紙です。目立たせる包装紙の代表はかぎカッコ「　」であり、目立たせる最強の包装紙は隅付カッコ【　】です。一方、目立たせなくする包装紙の代表はパーレン（　）で、補足説明などに使われる日陰者ですが、読み手のわかりやすさのために、ときどきいい仕事をします。

　記号は薬のようなもので、副作用があり、使いすぎは禁物です。普段はできるだけ使用を控え、ここぞというときに使うほうが薬はすぐれた効き目を発揮します。とくに最近、カッコに頼りすぎる書き方が多いので、その点（私自身も含めて←おっと、これも使いすぎですね）注意が必要です。

第 **2** 部
文字を使い分ける

　見た目が魅力的な文章を書くためには、意識的に文字を選ぶことが大切です。「読みやすいか（可読性）」、「見てすぐに認識できるか（視認性）」、「それぞれのフォントがどんな雰囲気を持っているか」をふまえてフォントを選びます。

　また、片仮名をうまく使うことで、声や音のイメージを鮮明に伝えたり、文章を軽い雰囲気にしたり、語に特別な意味を持たせたりすることができます。

　さらに、文章のなかにどのくらいの漢字を使うかということは文章の読みやすさを左右します。文章全体に占める漢字の割合に配慮し、多くの人が読める漢字を中心にして文章を書きます。

魅せるフォントの選び方

本文には読みやすい
フォントを選ぶ

【問題】読みやすくなるようにフォントを変えてみましょう。

8月20日（土）の夜6：00から、○○自治会主催の夏祭りを行います。盆踊りや花火、金魚すくいや射的などの屋台、豪華な商品が当たる抽選会など、楽しいプログラムを用意しています。焼きそば、カキ氷などの食べ物の屋台もたくさん出ますので、町内のみなさんはぜひご参加ください。

　長い文字列を読まなければならない本文は、**読みつづけていても疲れない、読みやすいフォント**にすることが**重要**です。【問題】の文章は、夏祭りのお知らせなので楽しい雰囲気の**HGP 創英角ポップ体**にしています。しかし、このフォントは太くて、長く読んでいると目に負担がかかりますし、小さいサイズだと画数が多い文字がつぶれてしまうので、長い文章には向きません。

太すぎないフォントを選ぶ

　日本語の文章では明朝体とゴシック体がよく使われます。それぞれ右ページのような特徴があります。

　一般的には、本文を読むときは長い文字列を目で追うので、目が疲れにくい明朝体が本文に向いているとされています。しかし、文章によく使われる 10 ～ 11pt の大きさでは、ゴシック体が読みやすいという研究もあります。また、ゴシック体のなかには游ゴシックのように細めの線でできたフォントもあります。「本文のフォント

を選ぶさいは、読んでいて疲れないことが重要」ということを念頭に置いたうえで、**文章の内容に合う印象のフォントを選ぶ**とよいでしょう。

【明朝体とゴシック体の違い】

明朝体（MS 明朝、游明朝など）

・太さに強弱がある（横線が細く、縦線が太い）

・横線のおわりの部分（右端）や曲り角の部分に
　三角の山（ウロコ）がついている

> 読みやすさにすぐれ、本文に向いている

ゴシック体（MS ゴシック、游ゴシック、丸ゴシックなど）

・太さが均一（横線と縦線の太さがほぼ同じ）

・三角の山（ウロコ）がない

> 目立ちやすく、見出しや強調部分に向いている
> 　⇒本文に使うときは太さに注意が必要
> 　　本文では細めのもの（游ゴシックなど）を選ぶ

読みやすいフォントの確認方法

　フォントの研究では、同じ文章を違う種類のフォントで書いたときに、**早く読みおわるフォント、あるいは、小さくしても判読できるフォントのほうが読みやすい**という基準があります。いくつかのフォントで文章を書き、自分で読んだり、周りの人に読んでもらったりして、早く読めるフォントや小さい文字で読めるフォントを確かめるのもよいでしょう。

見慣れたフォントが読みやすい

読み手が見慣れているフォントを使うことも読みやすさにつながります。一般的によく使われている明朝体は、見慣れている人が多いという点でも読みやすいフォントだといえます。また、学校の教科書で使われている教科書体は、小学校学習指導要領の別表で標準とされている文字をもとにして作られており、より手書きの文字に近いフォントです。明朝体と同様に、フォントに強弱があって細い部分があることに加えて、多くの人が子どものころから教科書で見慣れていることから読みやすいフォントになっています。

画面やスクリーンで見る場合はゴシック体

みなさんが書く文章のなかには、プレゼンテーションのスライドのように画面やスクリーンで見ることを前提としたものもあるでしょう。この場合は、明朝体だと線が細い部分がかすれて見づらくなることがあります。とくにスライドの場合は、離れた位置から見ることもありますので、**遠くからでも見やすいゴシック体が合っています**。

ゴシック体は遠くから見やすいので、多くの鉄道会社で駅名表示に使われています。また、2004 年に、工事中で通路が複雑になった新宿駅で、警備員の方がガムテープを壁に貼って作った個性的な文字で順路を示したことが話題になりました。「修悦体」と呼ばれたその文字はゴシック体を参考に作られたそうです。

以上のことをふまえて、After1 では読みやすさを重視して游明朝にしてみました。After2 では、楽しい雰囲気を保ちながら、線が細い HG 丸ゴシック M-PRO にして読みやすくしています。

💡 **Before**

8月20日（土）の夜6：00 から、○○自治会主催の夏祭りを行います。盆踊りや花火、金魚すくいや射的などの屋台、豪華な商品が当たる抽選会など、楽しいプログラムを用意しています。焼きそば、**カキ氷**などの食べ物の屋台もたくさん出ますので、町内のみなさんはぜひご参加ください。

⬇

💡 After1

8月20日（土）の夜6：00から、○○自治会主催の夏祭りを行います。盆踊りや花火、金魚すくいや射的などの屋台、豪華な商品が当たる抽選会など、楽しいプログラムを用意しています。焼きそば、カキ氷などの食べ物の屋台もたくさん出ますので、町内のみなさんはぜひご参加ください。

💡 After2

8月20日（土）の夜6：00から、○○自治会主催の夏祭りを行います。盆踊りや花火、金魚すくいや射的などの屋台、豪華な商品が当たる抽選会など、楽しいプログラムを用意しています。焼きそば、カキ氷などの食べ物の屋台もたくさん出ますので、町内のみなさんはぜひご参加ください。

まとめ

☑ **疲れないフォント**：本文には明朝体や細めのゴシック体などの太すぎないフォントがおすすめです。

☑ **見慣れているフォント**：教科書で見慣れている人が多い教科書体も読みやすいフォントです。

☑ **スクリーンはゴシック**：スクリーンや画面に映すときは、ゴシック体で遠くから見やすくします。

内容に合った印象の
フォントを選ぶ

【問題】文の内容に合うようにフォントを変えてみましょう。

(1) **かねてより懸案となっている増税に対応した商品価格の見直しについて、10月10日（月）15時より大会議室にて会議を行います。**

(2) 10 日の 19 時から、新入生歓迎パーティーをしますので、新入生もそうでない学生もぜひぜひ来てください！！

　フォントによって、文章全体の印象は大きく変わります。**文章の内容にふさわしいフォントを選ぶことは重要なことです。**【問題】の (1) (2) は、内容とフォントの印象が合っていません。では、どのようなフォントに変えればいいでしょうか。

落ち着いた印象の明朝体、親しみやすい印象のゴシック体

　前の節でも述べましたが、日本語の文章でよく使われるフォントには、明朝体とゴシック体があり、以下のような印象があります。

明朝体　　　：上品な洗練された印象

ゴシック体　：親しみやすさ、力強さなどの印象

丸ゴシック体：ゴシック体の印象＋やさしい、活発などの印象

　このほかにも、**行書体**（HG **行書体**など）、教科書体（HG 教科書体など）、楷書体（HG 楷書体など）のように毛筆のタッチを取り入れたフォントなど、さまざまなフォントがありますので、多くのフ

ォントを実際に見て、印象を確かめてみるとよいと思います。

　実際のフォントの種類は膨大なので、そのすべての印象を把握することは難しいでしょうが、よく使われるフォントの印象を大まかにつかんでおくことはできます。大学生を対象にフォントの印象を調べた研究によると、下記のように分類できるそうです。

フォントの印象

印象	フォント
安定性	MS 明朝 HG 教科書体
親しみやすさ	MS ゴシック **HG 創英角ポップ体** **HG 創英角ゴシック UB**
活発さ	HG 丸ゴシック M-PRO DF 隷書体 DF 金文体 W3

　この結果を見ると、MS 明朝や HG 教科書体などの細めで見慣れているフォントは落ち着いた印象、MS ゴシックや **HG 創英角ポップ体**などの太めのフォントは親しみやすい印象、DF 隷書体や DF 金文体 W3 などの凝ったデザインのフォントは活発な印象があるといえます。なお、DF 隷書体と DF 金文体 W3 は、MS Word の標準フォントではないので、使用するさいは購入してダウンロードする必要があります。

和風のフォント

　和食を取り上げた動画のテロップに使われるフォントの印象にかんする調査では、動画を見た女子大学生から「料理と調和してい

た」という評価を得られたのは、**行書体**と楷書体だったそうです。和風の印象を与えたければ、**HG 行書体**や HG 正楷書体 -PRO などのフォントを選ぶとよいでしょう。ただ、この調査でも、「読みやすい」と評価されたのはゴシック体でした。また、先ほど述べた **HG 創英角ポップ体**などは、大きさによってつぶれて読みにくくなることもあります。全体の印象と**読みやすさ**とのバランスを考慮してフォントを選びましょう。

フォントの太さによる印象の違い

　また、**同じフォントでも太さが変わると印象が変わります**。次の文字は、明朝体の一種である游明朝の細いフォントと太いフォント、ゴシック体の一種である游ゴシックの細いフォントと太いフォントを並べたものです。

太さによる印象の違い

細い明朝　　細いゴシック

太い明朝　　太いゴシック

　明朝体でも太くすると力強さが出てきます。逆に、ゴシック体でも細くすると落ち着いた、洗練された印象が出てきます。

　ここまで見てきたことをふまえて、【問題】を考えてみましょう。(1) は、**HG 創英角ポップ体**で書かれています。しかし、仕事上の会議のお知らせであり、楽しい印象よりも落ち着いた印象のフォントがふさわしい内容です。一方、(2) はパーティーのお知らせなの

で、見た人が参加したくなるような楽しい感じにするとよいでしょう。そこで、After では、(1) を游明朝、(2) を HG 丸ゴシック M-PRO に変えました。

💡 **Before**

(1) **かねてより懸案となっている増税に対応した商品価格の見直しについて、10月10日（月）15時より大会議室にて会議を行います。**

(2) 10 日の 19 時から、新入生歓迎パーティーをしますので、新入生もそうでない学生もぜひぜひ来てください！！

⬇

💡 **After**

(1) かねてより懸案となっている増税に対応した商品価格の見直しについて、10 月 10 日（月）15 時より大会議室にて会議を行います。

(2) 10 日の 19 時から、新入生歓迎パーティーをしますので、新入生もそうでない学生もぜひぜひ来てください！！

まとめ

- ☑ 基本的なフォントの印象：明朝体は上品さや落ち着き、ゴシック体は親しみやすさや力強さを感じさせます。

- ☑ 太さによる印象の変化：明朝体でも太いと力強さが、また、ゴシック体でも細ければ洗練された感じが出ます。

TOPIC
03 > 強調したい部分を目立たせる

【問題】見出しと強調したい部分を、フォントを変えて目立たせて
みましょう。

○○営業所の管轄地域の状況と今後の見通し

　○○営業所の管轄地域では、競合A社の新製品である*Visual*が
好調だが、当社製品の売り上げの3分の2程度であり、現時点では
当社製品の優位は動かないと考えられる。しかし、今後数年の
*Visual*の動きによっては、**○○営業所の売り上げ低下が懸念される。**

所感

　○○営業所は、当社の売り上げの3割を占める最重要の営業所で
あり、ここでの売り上げの多寡が他の地域にも影響する。そのため、
○○営業所の販売促進に力を入れる必要があると考える。

　見出しや重要な部分は、読み手が一目で把握できるように強調す
るとよいでしょう。強調の方法としては、**①本文と別のフォントを
使う、②太字にする**の二つが考えられますが、それぞれに問題があ
ります。じつは、【問題】は②の方法で、見出しと「○○営業所の
売り上げ低下が懸念される」「○○営業所の販売促進に力を入れる
必要がある」が太字なのですが、あまり目立っていません。強調す
るときには、何に気をつければいいのでしょうか。

本文と別のフォントを使って強調する

　まず、①本文と別のフォントを使う方法を考えてみます。見出し
などの強調したい部分は、After 1のように、**ゴシック体にすると目**

に留まりやすくなります。

After1

〇〇営業所の管轄地域の状況と今後の見通し

　〇〇営業所の管轄地域では、競合 A 社の新製品である *Visual* が好調だが、当社製品の売り上げの 3 分の 2 程度であり、現時点では当社製品の優位は動かないと考えられる。しかし、今後数年の *Visual* の動きによっては、**〇〇営業所の売り上げ低下が懸念される**。

所感

〇〇営業所は、当社の売り上げの 3 割を占める最重要の営業所であり、ここでの売り上げの多寡が他の地域にも影響する。そのため、**〇〇営業所の販売促進に力を入れる必要がある**と考える。

　After 1 は、強調したい部分を MS ゴシックにしました。その結果、ほかの部分よりも目立ち、一目でとらえやすくなっています。しかし、たしかに目立つのですが、**2 種類のフォントが混在することで、全体の統一感が損なわれてしまっています**。

太字にして目立たせる

　統一感を保つには、強調する部分を太字にする方法がいいのですが、【問題】の文章は太字が目立っていません。そこで、大事になるのが、**太字に対応しているフォントで書く**ということです。じつは、MS 明朝や MS ゴシックなどは太字に対応しておらず、太字の設定にしても文字の輪郭を縁取りして疑似的に太字のように見せるだけです。そのため、太字の設定にしてもあまり目立たなかったり、文字がつぶれてしまったりします。一方、最近の MS Word で初期設定になっている「游明朝」や「游ゴシック」、「メイリオ」などの

フォントには、「フォントファミリー」という、同じ書体で太さが違う複数のフォントのまとまりがあります。これらを使い分けることで太さを調整できます。

游明朝のフォントファミリー

游明朝 Light　　　　　游明朝　　　　　**游明朝 Demibold**

　以上をふまえ、右ページの After 2 では、文章全体を游ゴシック Light に、強調したい部分を游ゴシック Medium の太字にしました。

アルファベットには欧文フォントを使う

　アルファベットには、欧文用のフォントを使います。MS Word の初期設定は Century ですが、**Times New Roman** がおすすめです。Times New Roman には、欧文で強調に使われる、筆記体風デザインのイタリック体がありますが、Century や和文フォントにはありません。後者の場合、MS Word でイタリック体にする「*I*」のボタンをクリックしても、イタリック体にならずに通常の字体が斜めに表示されます。両者を並べると違いがわかります。たとえば、「a」は、Times New Roman ではイタリック体の「*a*」になりますが、Century では通常の書体の「a」が斜めになるだけです。

「*I*」をクリックしたときの違い

< Century >　　　　　Visual　　［「*I*」をクリック］　*Visual*

< Times New Roman >　Visual　　［「*I*」をクリック］　*Visual*

　こうしたところに気を遣うと文章の見栄えが良くなります。After 2 では「Visual」を Times New Roman のイタリック体にしました。

Before

○○営業所の管轄地域の状況と今後の見通し

○○営業所の管轄地域では、競合A社の新製品である *Visual* が好調だが、当社製品の売り上げの3分の2程度であり、現時点では当社製品の優位は動かないと考えられる。しかし、今後数年の *Visual* の動きによっては、**○○営業所の売り上げ低下が懸念される**。

所感

○○営業所は、当社の売り上げの3割を占める最重要の営業所であり、ここでの売り上げの多寡が他の地域にも影響する。そのため、**○○営業所の販売促進に力を入れる必要がある**と考える。

After2

○○営業所の管轄地域の状況と今後の見通し

○○営業所の管轄地域では、競合A社の新製品である *Visual* が好調だが、当社製品の売り上げの3分の2程度であり、現時点では当社製品の優位は動かないと考えられる。しかし、今後数年の *Visual* の動きによっては、**○○営業所の売り上げ低下が懸念される**。

所感

○○営業所は、当社の売り上げの3割を占める最重要の営業所であり、ここでの売り上げの多寡が他の地域にも影響する。そのため、**○○営業所の販売促進に力を入れる必要がある**と考える。

まとめ

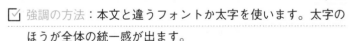

- ☑ 強調の方法：本文と違うフォントか太字を使います。太字のほうが全体の統一感が出ます。
- ☑ 太字対応のフォント：日本語には游明朝や游ゴシックなどを、アルファベットにはTimes New Romanを使います。

Chapter 5 映える片仮名の使い方

TOPIC 01 > 外来語、擬音語、学術用語を書くために使う

【問題】片仮名で書いたほうがよい部分を片仮名で書いてみましょう。

(1) ばいおりんのなかでもすとらでぃばりうすは特別だ。

(2) 地震で家具がばたばたと倒れ、窓にぶつかって、がらすががしゃんという音をたてて割れた。

(3) 人とチンパンジーが分化したのはいつごろだろうか。

　片仮名は音を表すために使われる文字です。では、一般的に、どのような言葉を片仮名で書くのでしょうか。まず、思い当たるのは外来語です。また、擬音語も片仮名で書くものの典型でしょう。ほかにも、生物の名前やカタコトの言葉など、片仮名で書く言葉にはいろいろなものがあります。ここでは、片仮名で書く言葉を順番に見ていきたいと思います。

日本語的な外来語表記ともとの言葉に近い外来語表記

　【問題】(1) は外来語の例です。外来語である「ばいおりん」は「バイオリン」、外国の固有名詞である「すとらでぃばりうす」は「ストラディバリウス」と書きます。これらの語を片仮名で書かないと、「でも」や「は」などの助詞とつながってしまい、どこからどこまでが一語なのかが読みとりにくくなります。

　また、外来語の書き方にはバリエーションがあります。もとの外国語の音に近づけるかどうかによって書き方が変わります。外来語の表記の目安を示している内閣告示（『外来語の表記』）では、もと

の外国語の音になるべく近く書き表そうとする場合に用いる片仮名として、下記のような表記を挙げています。

もとの言語の音に近づけて書くときの表記

イェ、ウィ、ウェ、ウォ、クァ、クィ、クェ、クォ、ツィ、トゥ、グァ、ドゥ、ヴァ、ヴィ、ヴ、ヴェ、ヴォ、テュ、フュ、ヴュ

　これらの表記を使って外来語を書いた場合には、もとの外国語の音に近づけようとしているということになります。「バイオリン」を例にとれば、次のようになります。

外来語の表記

①国語化の程度が高い（日本語として定着している）表記
　　バイオリン
②もとの外国語の発音に近づけて書いた表記
　　ヴァイオリン

　「バイオリン」と書くと、外来語として定着している日本語を書いたことになります。一方、「ヴァイオリン」と書くと、もとの言葉の発音を片仮名で書いた印象になり、violin をイメージさせます。また、【問題】（2）では、「がらす」が外来語なので「ガラス」と書きます。

擬音語は片仮名、擬態語は平仮名も片仮名も使う

　擬音語は音を表す片仮名で書くので、【問題】（2）の「がしゃん」は「ガシャン」と表します。一方、人やものの様子を表す擬態語は

平仮名で書くのが基本ですが、片仮名で書くこともあります。どちらで書くかによって、読み手に与える印象が異なります。【問題】(2) の「ばたばた」は平仮名で書けば、家具が次々と倒れていく様子を表した文になり、「バタバタ」と書くと、「バタン！」という音をさせながら倒れていることを強くイメージさせる表現になります。さらに、片仮名を使うと、文のなかで擬態語を目立たせることもできます。

擬態語を片仮名で書いたときの効果

・音（聴覚）のイメージが強くなる

　砂が吹きこんで、床がザラザラしている。

・文のなかで目立つ

　一生懸命磨いたので、机がピカピカになった。

また、「ピカピカ」のように片仮名で書いた擬態語は硬い感じがします。そのため、「しんなり」「ゆったり」などの柔らかい感じがする擬態語にはあまり片仮名は使いません。

学術用語としての動植物の名前は片仮名で書く

【問題】(3) の文は、生物としての人間の進化の過程について述べています。ここでの「人」は学術用語で、生物としての和名です。学術用語として動植物の名前を書くときは片仮名で書きます。これには、文章のなかで動植物の和名を目立たせることができるという効果もあります。

Before

(1) ばいおりんのなかでもすとらでぃばりうすは特別だ。

(2) 地震で家具がばたばたと倒れ、窓にぶつかってがらすががしゃんという音をたてて割れた。

(3) 人とチンパンジーが分化したのはいつごろだろうか。

After

(1a) **バイオリン**のなかでも**ストラディバリウス**は特別だ。

(1b) **ヴァイオリン**のなかでも**ストラディヴァリウス**は特別だ。

(2) 地震で家具が**ばたばた（バタバタ）**と倒れ、窓にぶつかって**ガラス**が**ガシャン**という音をたてて割れた。

(3) **ヒト**とチンパンジーが分化したのはいつごろだろうか。

まとめ

☑ 片仮名で書く語：外来語、擬音語、学術用語としての動植物の名前は片仮名で書きます。

☑ 擬態語の表記：平仮名と片仮名のどちらも使うことがあります。片仮名で書くと、耳から聞いた印象を与えたり、文のなかで目立ったりします。

☑ 平仮名で書く擬態語：「しんなり」「ゆったり」など、柔らかい感じがする擬態語に片仮名は使いません。

音を表す性質を活かして表現する

【問題】片仮名で書いたほうがよい部分を片仮名で書いみましょう。

(1) そのアイドルが舞台に上がると、客席からきゃーっという歓声が響いた。

(2) Ａ：「あんてん」というのは何ですか？
　　Ｂ：暗転というのは、照明を落として舞台上を暗くする演劇の演出のことです。

　前の節で説明したように、片仮名には音を表すはたらきがあります。そのはたらきをうまく活かして表現すれば、文章を通じて、音のイメージをうまく伝えることができます。

声のイメージを伝える

　【問題】(1) の「きゃーっ」は客席から舞台上に向けられた大きな歓声です。「キャーッ」と片仮名で書くことで、声のイメージを鮮明に伝えることができます。

意味がわからずに話している様子を表す

　【問題】(2) は暗転という言葉がわからない人が言葉の意味について質問している場面です。ここで、「『暗転』というのは何ですか？」のように、質問の対象を漢字で書いてしまうと、この言葉を知らないという印象が薄くなったり、文字を見ながら質問しているような印象を受けたりします。そこで、仮名を使うわけですが、平仮名よりも**片仮名**で書いたほうが音のイメージが前面に出て、その

言葉を聞いてもまったく意味がわかっていない感じや、どんな漢字を書くのかすら頭に浮かんでいないといった印象を出すことができます。このような片仮名の表現は、カタコトの言葉を話している様子を表すときにも使われます。

💡 Before

(1) そのアイドルが舞台に上がると、客席からきゃーっという歓声が響いた。

(2) A：「あんてん」というのは何ですか？

　　B：暗転というのは、照明を落として舞台上を暗くする演劇の演出のことです。

⬇

💡 After

(1) そのアイドルが舞台に上がると、客席から**キャーッ**という歓声が響いた。

(2) A：「**アンテン**」というのは何ですか？

　　B：暗転というのは、照明を落として舞台上を暗くする演劇の演出のことです。

まとめ

☑ 声のイメージ：片仮名で書くことで、声のイメージを鮮明に伝えることができます。

☑ 音に焦点を当てる：片仮名で書くことで、意味ではなく音に焦点を当てることができ、意味がわからない言葉を話している様子やカタコトで話している様子を表すことができます。

03 > 軽い印象を出す

【問題】一部を片仮名にして、軽い印象にしてみましょう。

（1）異国情緒あふれる港町横浜にようこそ。

（2）二度とこんな馬鹿なことをしちゃ駄目だよ。

（3）あの先生は非常に厳しい。

（4）まあ、せいぜい頑張ってちょうだい。

　意味よりも音の印象を前面に出す**片仮名には、軽い印象を与える効果もあります**。この効果を良い方向に使えば、親しみを感じさせたり、マイナスイメージの語の印象を和らげたりすることができます。逆に、軽さから、人をバカにした印象やふざけている印象を与えることもあります。

軽さによって親しみやすさを表す

　【問題】（1）では、「横浜」と漢字で書くよりも「ヨコハマ」と片仮名で書いたほうが親しみやすさを感じるのではないでしょうか。PR の文章などでは、普段漢字で書いている言葉を片仮名で書くことで近寄りにくさを和らげることができます。

マイナスイメージを和らげる

　【問題】（2）の「馬鹿」「駄目」は漢字で書くと、きつい印象を与えます。しかし、これを「バカ」「ダメ」のように片仮名で書くことで、語のマイナスの印象を和らげて伝えることができます。

バカにした感じやふざけている感じを出す

　【問題】(3) の「先生」「非常に」「厳しい」を片仮名で書くと、先生を小馬鹿にした印象が出ます。とくに、長音を「ー」で表記することで軽さが増します。1980年代前後に流行した昭和軽薄体という軽い文体でも用いられていた書き方です。また、【問題】(4)は、文自体も軽い印象がありますが、「頑張って」「ちょうだい」を片仮名にすることで、さらに軽い印象が増します。

💡 **Before**

(1) 異国情緒あふれる港町横浜にようこそ。

(2) 二度とこんな馬鹿なことをしちゃ駄目だよ。

(3) あの先生は非常に厳しい。

(4) まあ、せいぜい頑張ってちょうだい。

⬇

💡 **After**

(1) 異国情緒あふれる港町**ヨコハマ**にようこそ。

(2) 二度とこんな**バカ**なことをしちゃ**ダメ**だよ。

(3) あの**センセー**は**ヒジョー**に**キビシー**。

(4) **マア**、せいぜい**ガンバ**って**チョーダイ**。

まとめ

☑ 軽い印象：片仮名で書くと軽い印象を与えます。

☑ 軽さのプラス面：親しみやすさを感じさせたり、マイナスイメージの語の印象を和らげたりできます。

☑ ふざけた印象：片仮名表記には「ふざけている」「バカにしている」という印象もあります。

04 > 特別な意味を持たせる

【問題】一部を片仮名に変えてみましょう。

(1) 今は携帯なしには生活が成り立たない。

(2) 私たちは広島の記憶を受け継いでいかなければならない。

(3) 政治と金の問題に切りこむ。

　本来漢字で書かれるものを片仮名で書くことで、**特定の文脈における意味だけが表されるようになることがあります。**

その語が持つ意味の一部だけを表す

　現在では、携帯電話を指して「けいたい」と言うことがすっかり普通になりました。「けいたい」と言われて、携帯電話が思い浮かばない人はいないでしょう。そして、携帯電話の意味で「けいたい」という語を使うときに、「携帯」と書く人はあまりいないと思います。多くの人は「ケータイ」と書くのではないでしょうか。「ケータイ」と書いたときには、携帯灰皿や携帯ラジオのことは指しません。**片仮名表記が一部の意味だけに限定されて使われている**例です。

特定の文脈における意味を表す

　広島や長崎を「ヒロシマ」「ナガサキ」と書き表すときは、原爆が投下された土地という文脈で使われることがほとんどです。「フクシマ」や「オキナワ」も同様に特定の文脈と強い結びつきのある表記です。このように、**片仮名は特定の文脈における意味を表す場合があります。**とくに、世界的な戦争や災害と土地の名前が結びつ

いたときには、片仮名で書くことで「世界から見たその土地」という意味が込められるという分析もあります。

　大学生に三つの地名を提示して、同じグループに属すると思う二つを選択させるという調査では、「岡山　広島　長崎」と漢字で提示すると「岡山」と「広島」という地理的に近い二つがグループだとする人が多いのにたいして、片仮名で提示すると「ヒロシマ」と「ナガサキ」をグループにする人が多かったのだそうです。読み手も片仮名によって特定の文脈を読みとっていることがわかります。

　また、地名以外にも、【問題】(3) のように、政治における金銭という文脈で「カネ」という表記が使われる例などがあります。

💡 **Before**

(1) 今は携帯なしには生活が成り立たない。

(2) 私たちは広島の記憶を受け継いでいかなければならない。

(3) 政治と金の問題に切りこむ。

⬇

💡 **After**

(1) 今は**ケータイ**なしには生活が成り立たない。

(2) 私たちは**ヒロシマ**の記憶を受け継いでいかなければならない。

(3) 政治と**カネ**の問題に切りこむ。

まとめ

☑ 特定の文脈限定の意味：片仮名で書くことで、特定の文脈に限定された特別な意味を持たせることができます。

TOPIC

05 > 漢字の代わりに使う

【問題】読みやすくなるように一部を片仮名に変えてみましょう。

(1) このビルもようやく完成の目処が立った。

(2) 面皰がひどいので皮膚科に行った。

(3) なぜ彼はこんなことをするのか、訳がわからない。

(4) 空の試験管は危ないので片付けておいてください。

　漢字には、読み方が難しかったり、複数あったりして、間違えて読みやすいものがあります。**読み方が難しい漢字や読み誤りやすい漢字の語を片仮名で書く**というのは、文章を読みやすくする一つの方法です。

読みにくい漢字を片仮名で書く

　【問題】(1) の「目処」は「メド」と読みます。この読み方は漢字使用の目安である常用漢字表に載っておらず、読みにくいものと考えられます。**読み手のことを考えて、読みにくいと判断した場合は「メド」と片仮名で書く**とよいでしょう。また、【問題】(2) の「皮膚科」の「膚」は常用漢字ですが、読みにくく、よく「皮フ科」と書かれます。「面皰」は「ニキビ」と読みますが、「皰」が常用漢字外のため、片仮名表記のほうが多い語です。

片仮名で書くことで語のまとまりをわかりやすくする

　漢字だと読みにくいなら、平仮名で書いてもよいかもしれません。では、「膚」を平仮名にするとどうでしょうか。

・ニキビがひどいので皮ふ科に行った。

　平仮名は「は」「が」などの助詞にも使われます。そのため、この書き方だと「皮」と「科」が別の語のように見える可能性もあります。**片仮名で書くとどこまでが一語かがわかりやすくなります。**

誤読しやすい漢字を片仮名で書く

　【問題】(3)の「訳」は「ヤク」、(4)の「空」は「ソラ」とも読めます。「ワケ」「カラ」と読んでもらうために片仮名で表記します。

💡 Before

(1) このビルもようやく完成の目処が立った。

(2) 面皰がひどいので皮膚科に行った。

(3) なぜ彼はこんなことをするのか、訳がわからない。

(4) 空の試験管は危ないので片付けておいてください。

⬇

💡 After

(1) このビルもようやく完成の**メド**が立った。

(2) **ニキビ**がひどいので**皮フ科**に行った。

(3) なぜ彼はこんなことをするのか、**ワケ**がわからない。

(4) **カラ**の試験管は危ないので片付けておいてください。

まとめ

☑ 漢字の代わり：読みにくい漢字や誤読しそうな漢字の代わりに片仮名で書きます。

惹きつける漢字の使い方

漢字の割合が
多くなりすぎないようにする

【問題】漢字の割合に気をつけて、読みやすくなるように直してみましょう。

　片仮名が使われる表現の一つに、擬音語と言う物が有ります。擬音語は音や声を表す言葉で、片仮名で書く事が多いです。又、擬態語というのは様子を表す言葉の事で、基本的には平仮名で書く物とされています。然し、擬態語には、平仮名で書く事も片仮名で書く事も有る物から、殆ど平仮名でしか書かない物迄、色々な物が有ります。

　文章のなかに漢字が多すぎると、ぱっと見た印象が重くなり、読みにくい印象を与えてしまいます。漢字が多くなりすぎないよう、仮名とのバランスを取ることが大切です。「漢字：仮名＝3：7」、「漢字：平仮名：片仮名＝2：7：1」など、良いといわれている比率はありますが、大切なことは、**漢字で書くべきものを漢字で書いたうえで、付属語（助詞、助動詞）などを漢字で書かないようにすること**です。新聞社や出版社の用字用語集では、副詞、連体詞、接続詞、形式名詞、補助用言（動詞・形容詞）、助動詞、助詞などが平仮名書きをするものとして挙げられています。

漢字で書かないほうがいいもの　①副詞・連体詞

　まず、副詞です。訓読みのものと音読みでも漢字にあまり意味がないものは平仮名にします。【問題】の文章のなかでは、「殆ど（ほ

とんど）」がそれにあたります。「ほとんど」などは、手書きの文章であれば、平仮名で書く人のほうが多いと思いますが、MS Wordなどのソフトで文章を書いていると、**普段漢字で書かない人でも漢字に変換できてしまうので注意が必要**です。

漢字で書かないほうがいい副詞の例

あまりに（余りに）、あらかじめ（予め）、いかに（如何に）、
いずれ（何れ）、おおむね（概ね）、だいぶ（大分）、
たくさん（沢山）、なぜ（何故）、まず（先ず）、もはや（最早）

以上は一例です。また、「ある（或る）」「いわゆる（所謂）」のように名詞を修飾する連体詞も平仮名で書きます。

漢字で書かないほうがいいもの　②接続詞

次は接続詞です。【問題】の文章では、「又（また）」「然し（しかし）」があります。接続詞も副詞と同様について変換してしまうということがないように気をつけたいところです。

漢字で書かないほうがいい接続詞の例

および（及び）、かつ（且つ）、すなわち（即ち）、
ただし（但し）、もしくは（若しくは）、ゆえに（故に）

漢字で書かないほうがいいもの　③形式名詞

形式名詞というのは、「もの」「こと」「とき」「ところ」などのように、修飾する部分を受ける抽象的な意味の名詞です。これらは、「物」「事」「時」「所」と書かずに、平仮名で書きます。そのほかに、「ため（為）」「のほうが（の方が）」「わけ（訳）」などがあります。

漢字で書かないほうがいいもの　④補助用言（動詞・形容詞）

　「してみる（して見る）」「してほしい（して欲しい）」などのように、ほかの語に付いて補助的な役割を果たす動詞や形容詞も平仮名で書きます。また、「ある（有る）」や「なる（成る）」など、基本的な動詞のうち、よく使うものも平仮名で書くことが多いです。

漢字で書かないほうがいい動詞・形容詞の例

できる（出来る）、する（為る）、していく（して行く）、
してくる（して来る）、したくない（したく無い）

漢字で書かないほうがいいもの　⑤助動詞

　「ごとき（如き）」「ようだ（様だ）」などの助動詞も平仮名で書いたほうがいいものの一つです。

漢字で書かないほうがいい助動詞の例

ごとき（如き）、べきだ（可きだ）、ようだ（様だ）

漢字で書かないほうがいいもの　⑥助詞

　助詞は平仮名で書きます。なかでも、「3月くらいに」というときの「くらい（位）」や「ほど（程）」のような副助詞に注意が必要です。【問題】の文章のなかでは、「まで（迄）」が副助詞です。

漢字で書かないほうがいい助詞の例

くらい／ぐらい（位）、まで（迄）、ほど（程）、など（等）

※同種のものをいくつか並べて、ほかにも同種のものがあることを示す「等（とう）」は漢字で書きます。

💡 **Before**

　片仮名が使われる表現の一つに、擬音語と言う物が有ります。擬音語は音や声を表す言葉で、片仮名で書く事が多いです。又、擬態語というのは様子を表す言葉の事で、基本的には平仮名で書く物とされています。然し、擬態語には、平仮名で書く事も片仮名で書く事も有る物から、殆ど平仮名でしか書かない物迄、色々な物が有ります。

⬇

💡 After

　片仮名が使われる表現の一つに、擬音語というものがあります。擬音語は音や声を表す言葉で、片仮名で書くことが多いです。また、擬態語というのは様子を表す言葉のことで、基本的には平仮名で書くものとされています。しかし、擬態語には、平仮名で書くことも片仮名で書くこともあるものから、**ほとんど**平仮名でしか書かない**ものまで、いろいろな**ものがあります。

まとめ

- [ ] 漢字と仮名のバランス：漢字で書かないほうがいいものを平仮名で書き、漢字が多くなりすぎないようにします。
- [ ] 平仮名で書くもの：副詞、連体詞、接続詞、形式名詞、補助用言（動詞・形容詞）、助動詞、助詞などは平仮名で書きます。

02 > 読み手が読める漢字を使う

【問題】漢字の読みやすさに気をつけて直してみましょう。

（1）先が尖った鉛筆は危ない。

（2）私の彼はすぐ拗ねるのでめんどうくさい。

（3）情報の漏洩には気をつけなければならない。

（4）近年の不況の影響で、この会社は倒産する虞がある。

（5）新人の佐藤さんの言うことも、強ち間違っているとも言い切れない。

　読みやすい文章を書くためには、読み手が読めない漢字を使わないほうがよいのは言うまでもないことです。もちろん、漢字を調べながら読むことはできますが、調べる回数が多くなれば、そのぶん読み手は読みにくいと感じるようになるでしょう。しかし、人によって読める漢字は違います。では、どのようにすれば「読み手が読めない漢字」を避けることができるのでしょうか。

目安としての常用漢字を意識する

　読み手が読めない漢字を考えるための一つの手がかりとして「常用漢字表」（平成 22 年 11 月 22 日内閣告示）があります。「分かりやすく通じやすい文章を書き表すための漢字使用の目安」とされており、1981 年に告示されたときは 1945 字でしたが、2010 年に改訂され、現在は 2136 字です。web 上で見られますので、「常用漢字表」で検索してみてください。

　【問題】（1）の「尖」、【問題】（2）の「拗」は常用漢字に含まれていません。自分の文章を読む人が、これらの漢字を読めそうな人だとわかっているとき以外は、平仮名で「とがった」「すねる」と書いておいたほうがよいでしょう。

混ぜ書きを避けるためにふりがなを使う

　【問題】（3）の「漏洩」は「もらす」という意味で「ろうえい」と読みます。「漏」も「洩」も「もらす」という意味ですが、「漏」は常用漢字なのにたいして、「洩」は常用漢字ではありません。このように、単語に含まれる漢字の一部だけが常用漢字ではないときはどうすればいいでしょうか。一つの方法は、常用漢字だけを使うようにして、漢字と平仮名を混ぜて書くというものです。

【混ぜ書きの例①】情報の漏えいには気をつけなければならない。

　上の例①は、常用漢字ではない「洩」だけを平仮名にしています。これだと、「えい」が「には」とつながって文のなかに埋没してしまい、「漏えい」を一語として捉えにくくなっています。では、片仮名について説明した第5章第5節で示した「皮フ科」のように片仮名を使ってみたらどうでしょうか。

【混ぜ書きの例②】情報の漏エイには気をつけなければならない。

　例②の書き方であれば、「漏エイ」で一語だということはわかります。ただ、「皮フ」のように日常的によく目にする語とは違い、「漏エイ」のような普段はあまり使わない語だと、この書き方ではピンとこないのではないでしょうか。そこで、このような語の場合は、「漏洩」とすべて漢字で書き、「ろうえい」と振り仮名を振る方法が読み手にとってわかりやすい書き方になります。

【解答例】 情報の漏洩（ろうえい）には気をつけなければならない。

常用漢字に含まれていても読みにくい漢字は避ける

　【問題】（4）の「虞」は「おそれ」と読みます。この漢字は常用漢字に含まれていますが、それほどよく目にする文字ではなく、読み方がわからない人も多いのではないでしょうか。「皮膚」の「膚」も同様ですが、常用漢字に含まれていても、読めない人が多いのではないかと思われる漢字があります。読みやすい文章を書くためには、少なくとも、自分が読めないような漢字を使うのは避けたほうがよいでしょう。とくに、パソコンやスマホで文章を書く場合は、ソフトが漢字に変換してくれるので、手書きであれば書けないような漢字や自分が読み方を知らない漢字でも書くことができてしまいます。じつは、2010年に常用漢字が1945字から2136字に増やされたのも、変換ソフトを使うことによって、漢字が書きやすくなったことが背景にあります。しかし、書けるからといって、読めない人が多い漢字を使っては意味がありません。

常用漢字にも常用外の読み方がある

　【問題】（5）の「強ち」は「あながち」と読みます。「強」は小学校2年生で習う漢字ですが、「強ち」の読み方はわからない人も多いでしょう。じつは、「あながち」という読み方は常用漢字表に載っていません。常用漢字であっても、常用外の読み方がありますので、こうした用法も避けたほうがいいでしょう。

　常用漢字表を目安として、常用漢字を使うようにする一方で、**パソコンで変換することはできても、自分が読めない、あるいは手書きで書けない漢字は使わないようにする**というのが、読みやすい文

章を書くために大切な考え方です。

💡 **Before**

(1) 先が尖った鉛筆は危ない。

(2) 私の彼はすぐ拗ねるのでめんどうくさい。

(3) 情報の漏洩には気をつけなければならない。

(4) 近年の不況の影響で、この会社は倒産する虞がある。

(5) 新人の佐藤さんの言うことも、強ち間違っているとも言い切れない。

⬇

💡 After

(1) 先が**とがった**鉛筆は危ない。

(2) 私の彼はすぐ**すねる**のでめんどうくさい。

(3) 情報の<ruby>漏洩<rt>ろうえい</rt></ruby>には気をつけなければならない。

(4) 近年の不況の影響で、この会社は倒産する**おそれ / 恐れ**がある。

(5) 新人の佐藤さんの言うことも、**あながち**間違っているとも言い切れない。

まとめ

☑ 使用の目安：常用漢字を意識するようにします。

☑ 常用漢字外の漢字：使うときは振り仮名を振ります。

☑ 難しい読み方：常用漢字でも、難しい読み方や、常用外の読み方をするものは平仮名にします。

異字同訓の語、
同音異義語に気をつける

【問題】漢字を正しく直してみましょう。

(1) 彼は余人をもって変えがたい人材だ。
(2) 去年、駅前の交差点で交通事故に会った。
(3) 100メートル競争は運動会の花形競技だ。
(4) 人口減少に対応するために労働市場の門戸を解放すべきだ。
(5) 若者の力が新しい文化を作りだすのだ。

　日本語には、「空ける」「開ける」「明ける」のように訓読みが同じ
で意味が近い語がたくさんあります。これらは違う漢字を使って表
記されるので「異字同訓」あるいは「同訓異字」といいます。こう
した語を書き表すさいの漢字の使い分けには気を配らなければなり
ません。また、二つ以上の漢字を組み合わせて表記する漢語にも「意
志」「意思」「遺志」「医師」のように、同じ音で意味が違う同音異義
語がたくさんあります。異字同訓の語や同音異義語を適切に漢字で
書き表すためには、どのような点に気をつければいいのでしょうか。

用例を参考にして異字同訓の語を使い分ける

　【問題】(1) の「変えがたい」の「変える」には「換える」「代え
る」「替える」、【問題】(2) の「会った」の「会う」には「合う」
「遭う」という同訓異字の語があります。こうした同訓異字のなか
には、はっきりと意味の違いがわかるものもありますし、ほとんど
意味が同じで使い分けに迷うものもあります。そうした使い分けの
基準の一つとして、『「異字同訓」の漢字の使い分け例（報告）』（平

成26年2月21日、文化審議会国語分科会）があります。web上で見られますので、「異字同訓」「使い分け」で検索してみてください。

この『使い分け例』には使い分けの基準が用例とともに示されていて、文章を書くさいに参考になります。たとえば、「かえる」については、次のような基準と用例が書かれています。

かえる・かわる

【変える・変わる】前と異なる状態になる。
　形を変える。観点を変える。位置が変わる。顔色を変える。気が変わる。心変わりする。声変わり。

【換える・換わる】物と物を交換する。
　物を金に換える。名義を書き換える。電車を乗り換える。現金に換わる。

【替える・替わる】新しく別のものにする。
　頭を切り替える。クラス替えをする。振り替え休日。図表を差し替える。入れ替わる。日替わり定食。替え歌。

【代える・代わる】ある役割を別のものにさせる。
　書面をもって挨拶に代える。父に代わって言う。身代わりになる。投手を代える。余人をもって代え難い。親代わり。

この基準と用例を見れば、【問題】（1）の「変えがたい」は「代えがたい」とするべきだとわかります。また、【問題】（2）の「あう」については、次ページの基準が示されています。紙幅の都合で用例は省略します。

あう

‥‥‥‥‥‥‥‥‥‥‥‥‥‥‥‥‥‥‥‥‥‥‥‥‥‥‥‥‥‥‥‥‥‥‥‥

【会う】主に人と人が顔を合わせる。

【合う】一致する。調和する。互いにする。

【遭う】思わぬことや好ましくない出来事に出くわす。

　この基準に従えば、【問題】（2）は、好ましくない出来事である交通事故に出くわしたのだから「遭った」とすべきだと判断できるでしょう。ただし、この『使い分け例』は「一つの参考として提示する」とされており、絶対的なルールではありません。

漢字の意味を考えて同音異義の漢語を使い分ける

　【問題】（3）の「きょうそう」は「競争」「競走」「狂騒」「強壮」など、多くの同音異義語があります。そのなかでもとくに、「競争」と「競走」は意味が似ていて、使い分けに迷うものです。このような漢語の使い分けの判断のさいは、漢字の意味から考えるとよいでしょう。「100メートルきょうそう」は走るものなので、「競走」と書きます。また、【問題】（4）の門戸は開くものですから、「開放」と書かなければなりません。人質などの「解き放つ」ものなら「解放」、校庭などの場所のように「開け放つ」ものなら「開放」というように考えることも有効だと思います。

使い分けによって意味を明確に示す

　【問題】（5）の「作りだす」は、（1）〜（4）と違い、このままでもまったく問題のない表現です。しかし、「創りだす」と表記すると、「新しい文化をつくる」ことの「独創性」を感じさせることができます。『使い分け例』でも「『作る』と表記しても差し支えないが、事

柄の『独創性』を明確に示したい場合には、『創る』を用いる」とされています。「あう」も、通常は「人と会った」と表記しますが、偶然人と出くわしたことを強調したければ、「人と遭った」とすることができます。このように原則はふまえながら、自分が表したい意味によって漢字を選ぶことも、読みやすい漢字の使い方の一つです。

💡 **Before**

（1）彼は余人をもって変えがたい人材だ。

（2）去年、駅前の交差点で交通事故に会った。

（3）100 メートル競争は運動会の花形競技だ。

（4）人口減少に対応するために労働市場の門戸を解放すべきだ。

（5）若者の力が新しい文化を作りだすのだ。

⬇

💡 After

（1）彼は余人をもって**代え**がたい人材だ。

（2）去年、駅前の交差点で交通事故に**遭った**。

（3）100 メートル**競走**は運動会の花形競技だ。

（4）人口減少に対応するために労働市場の門戸を**開放**すべきだ。

（5）若者の力が新しい文化を**創り**だすのだ。

まとめ

☑ 異字同訓：『異字同訓の漢字の使い分け例』を参考にします。

☑ 同音異義の漢語：漢字の意味から使い分けを考えます。

☑ 表現意図に合う漢字：自分が伝えたい**意味**を考えて、表記する漢字を選ぶと効果的です。

コントラストをくっきりと

　前景化と背景化という言葉をご存じでしょうか。私たちはものを見るとき、目立つものに目が行きがちです。目立つものが浮かびあがって見えると、それ以外のものは後退していき、あまり注意が向かなくなります。

　ある文字を前景化したいとき、日本語では二つの方法があります。一つはフォントを変えるという方法で、全体が明朝体のなかで前景化したいものだけをゴシック体にするのがその典型です。ある文字だけサイズを大きくしたり太字や斜体を使ったりするのも、同様の効果を狙っていると考えてよいでしょう。

　もう一つは文字種を変えるという方法で、片仮名や漢字を使って言葉を前景化させられます。これは、日本語独自のすぐれた方法ですが、片仮名と漢字では前景化の意味合いが異なる点に注意が必要です。片仮名は「音を明確にし、意味を希薄にする文字」であり、漢字は「意味を明確にし、音を希薄にする文字」です。たとえば外来語は、外来語だから片仮名なのではなく、片仮名が音を表す文字なので、外来語に使うのです。

　一方、前景化と背景化はコントラストによる効果であり、何を前景化しないかは、何を前景化するかと同じぐらい重要です。文字種では平仮名は、片仮名や漢字にくらべてあまり目立たず、平仮名にしたとたん、その言葉は目に飛びこんでこなくなります。だからこそ、平仮名は重要なのであり、すぐれた書き手は、平仮名の隠れた効果を上手に引きだすことを考えるのです。

第**3**部
レイアウトを操る

　　レイアウトを見やすくするためには、余白や見出しを効果的に活用し、話の展開を把握するのに重要なキーワードを一目で読み手に伝えることが重要になります。

　　そこで、まずポイントとなるのが書式です。字間と行間のバランス、段落間の空白行や図表の配置など、読み手の視線の動きに配慮したレイアウトが見やすさのカギになります。

　　また、箇条書きや見出しを効果的に使うことで、本文を詳細に読まなくても、読み手に話の展開を示すことができます。

　　書式の工夫、言葉の選択と配置について考えてみましょう。

魅せる書式の設定

> # 字間と行間のバランスに
気をつける

【問題】見やすくなるように書式を変更してみましょう。

この章では、文章をより見やすくするための書式の設定を紹介します。ポイントとなるのは、文字が何も記載されていない白い部分、つまり余白です。文字と文字の間の余白や行と行の間の余白、段落と段落の間の余白など、余白を意識するだけで文章は格段に読みやすくなります。

　長い文章を読んでいるときに、気づいたら同じ行を繰り返し読んでいた経験はありませんか。あるとしたらそれは、あなたの注意力が欠けていたからではなく、文章の字間と行間の設定が不適切だったためかもしれません。上に挙げた【問題】も、そのような字間と行間の設定が不適切な例です。

　字間とは、文字と文字の間の幅のこと、**行間**とは、行と行の間の高さのことです。これらをどのように設定すれば、見やすい文章になるでしょうか。

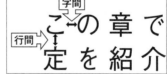

字間と行間の設定における問題点

　上記の【問題】には、次の問題点が挙げられます。

　　問題点　字間と行間が同じ広さになっていて見づらい

字間よりも行間を広く設定する

　問題点を解決するためのポイントは、**字間よりも行間を広く設定**することです。行と行の境い目が区別しやすくなり、同じ行を何度も繰り返し読んでしまう失敗を防ぐことができます。

　とくに、Power Pointの行間の初期設定は日本語には狭すぎるため、**1.3〜1.5行**くらいに変更してから使用することをおすすめします。行間の設定は、修正したい行を選択したあと、メニューの「**段落**」→「**行間**」の欄で修正することができます。

♡ Before

この章では、文章をより見やすくするための書式の設定を紹介します。ポイントとなるのは、文字が何も記載されていない白い部分、つまり余白です。文字と文字の間の余白や行と行の間の余白、段落と段落の間の余白など、余白を意識するだけで文章は格段に読みやすくなります。

♡ After

この章では、文章をより見やすくするための書式の設定を紹介します。ポイントとなるのは、文字が何も記載されていない白い部分、つまり余白です。文字と文字の間の余白や行と行の間の余白、段落と段落の間の余白など、余白を意識するだけで文章は格段に読みやすくなります。

まとめ

- ☑ 余白のバランスに注意：**字間よりも行間を広く設定しましょう。**
- ☑ Power Pointの行間に注意：**とくにPower Pointでは、初期設定のままにせず、行間を広めに修正しましょう。**

TOPIC

02 > 字間のばらつきを解消する

【問題】見やすくなるように書式を変更してみましょう。

　和文フォント（游明朝、MS ゴシックなど）では、文字によって字面の大きさが異なるため、文字と文字の間の幅にばらつきが生じやすくなります。また、文章中にURL（http://abcdefghijklmnopqrstuvwxyz）が使用される場合も、余分な字間が生じやすいため、注意が必要です。

　上に挙げた【問題】では、文字と文字の間の幅、つまり字間が均一でなく、ばらついています。これでは、せっかく字間と行間のバランス（第7章第1節参照）に気をつけていても台無しです。具体的にどこにばらつきが生じているか、見てみましょう。

和文フォントで起こりがちな字間の問題点

　上記の【問題】では、次の二つの問題点が生じています。

　　問題点1　記号前後の空白がばらついていて見づらい

　　問題点2　URL の前の行が間延びしていて見づらい

字間を自動調整してくれるフォントを使う

　余分な空白を自動で調整してくれるフォントが、プロポーショナルフォントです。フォント名の「P」や「Pro」が目印です。これを使えば、記号前後の余分な空白を自動で詰めてくれます。

　　プロポーショナルフォントの例　　■ MS P 明朝

　　　　　　　　　　　　　　　　　■ MS P ゴシック

英単語の途中で改行する設定にする

　Word では、英単語が行をまたぎそうになると、英単語の冒頭が自動的に新しい行にくるようになっています。その結果、前の行の日本語の文が間延びして、字間に余分な空白が生じてしまうのです。

　このような場合は、間延びしている部分にカーソルを置いて、メニューの「**段落**」→「**体裁**」→「**英単語の途中で改行する**」の順に設定を変更すると、ばらつきを解消することができます。

💡 Before

　和文フォント（游明朝、MS ゴシックなど）では、文字によって字面の大きさが異なるため、文字と文字の間の幅にばらつきが生じやすくなります。また、文章中に URL（http://abcdefghijklmnopqrstuvwxyz）が使用される場合も、余分な字間が生じやすいため、注意が必要です。

⬇

💡 After

　和文フォント（游明朝、MSゴシックなど）では、文字によって字面の大きさが異なるため、文字と文字の間の幅にばらつきが生じやすくなります。また、文章中にURL（http://abcdefghijklmnopqrstuvwxyz）が使用される場合も、余分な字間が生じやすいため、注意が必要です。

まとめ

- ☑ 便利なフォントを使用：記号前後の余分な空白を自動で調整してくれるプロポーショナルフォントを使うと便利です。

- ☑ 英単語の字間を調整：URL の前の行が間延びしてしまうときは、英単語の途中で改行する設定にするのが有効です。

TOPIC

03 > 段落の示し方を工夫する

【問題】段落の示し方に気をつけて、見やすくなるように直してみましょう。

文章の書き方講座開講！

　節目の第10回目を迎える文章の書き方講座。今回は、ビジュアル面にこだわった文章の書き方を伝授します。
講座のテーマ
　ビジュアル文章術
講座の趣旨
　内容面にくらべて軽視されがちな文章の見た目。じつはこれが、見やすく読みやすい文章を書くためのカギなんです！

　「段落」と聞くと多くの方が、形式段落、つまり改行したうえで1字分空白を入れる「改行1字下げ」による段落を思い浮かべるのではないでしょうか。改行1字下げは視覚的なまとまりを表すのに有効な方法ですが、近年その方法が形を変えてきています。
　ここでは【問題】の見づらさを段落の見せ方に着目して改善します。

段落の示し方の問題点

　上記の【問題】には次の二つの問題点があります。
　　問題点1　まとまりがわかりにくくて見づらい
　　問題点2　左端の行の頭が凸凹していて見づらい

空白行の数で段落同士の意味的な距離を表す

　段落の切れ目を表すもっとも一般的な方法は、現時点では改行1字下げを行う方法でしょう。しかし、それに引けをとらないくらい浸透してきている方法が、空白行を挿入する方法です。これは新書や啓発本、小説でも多く見られます。

　挿入する空白行は1行とは限りません。**段落同士の意味的な距離が遠ければ遠いほど、空白行の数を増やして視覚的な余白を増やす**方法が効果的です。

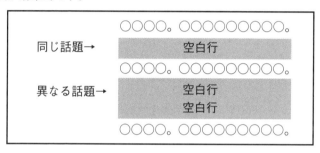

形式段落の先頭に空白を入れない

　改行1字下げのうち、1字下げを行わない方法もあります。これは、広告やポスター、ビジネスメールなど、文章量が少ない場合や、小見出しの直後の文で多く見られます。

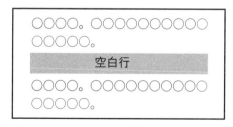

　1字下げが行われない理由は、空白行の挿入により段落が明示されており、1字下げを行わなくても形式段落が視覚的にわかるようになったためです。むしろ、短い段落がいくつも続く場合、**段落ごとに1字下げを行ってしまうと行の頭が凸凹しすぎてしまい、見づらい文章**になってしまいます。そのような場合は、あえて1字下げをしないという方法も有効です。

　このように段落を作ったうえで、見出しのフォントを**ゴシック体**にするなど工夫し（第4章参照）デザインすると、見やすい文章を作ることができます。

段落間に空白行がない場合　1字下げで段落を見せる
段落間に空白行がある場合　1字下げをあえてしない

💡 **Before**

文章の書き方講座開講！

　節目の第10回目を迎える文章の書き方講座。今回は、ビジュアル面にこだわった文章の書き方を伝授します。
講座のテーマ
　ビジュアル文章術
講座の趣旨
　内容面にくらべて軽視されがちな文章の見た目。じつはこれが、見やすく読みやすい文章を書くためのカギなんです！

⬇

After

文章の書き方講座開講！

節目の第 10 回目を迎える文章の書き方講座。今回は、ビジュアル面にこだわった文章の書き方を伝授します。

講座のテーマ
ビジュアル文章術

講座の趣旨
内容面にくらべて軽視されがちな文章の見た目。じつはこれが、見やすく読みやすい文章を書くためのカギなんです！

まとめ

☑ 空白行の活用：空白行の数で段落同士の意味的な距離を表すことができます。

☑ 1字下げの不使用：段落間に空白行がある場合、形式段落の先頭に空白を入れずに行の頭をそろえる方法も効果的です。

TOPIC
04 >

視線の動きを意識した
レイアウトにする

【問題】見やすくなるようにレイアウトを変更してみましょう。

　文章は、紙面を文字が埋め尽くしているよりも、適度に余白があるほうが読みやすいことが多いです。しかし、つねに文字数に余裕を持って書けるとは限りません。

　ときには、ページ制限が厳しく、無駄なスペースを生みたくないこともあると思います。

　どうすればスペースを有効に使えるでしょうか。

図1

　たとえば、図1を例に考えてみましょう。図1をどこに置けば無駄なスペースを生まずに済むでしょうか。

　横書きで書かれた日本語の文章を読む場合、読み手は普通、**左から右、上から下の順**に、アルファベットの「Z」の字を描くように文章を読んでいきます。

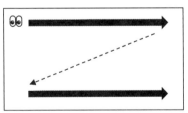

　縦書きの場合は、上から下、右から左の順になるので、「N」の字を逆から描くような読み方です。

　このような**読み手の視線の動きを考慮**した場合、図表の位置や1行の長さは重要なポイントです。この自然な動きに反した文章を書

くと、読み手に負担がかかり、見づらい、読みにくいという印象を与えてしまいます。また、動きは合致していても、行によって末尾の位置が頻繁に変わり視線の動きが不安定になると、読み手の負担につながってしまいます。

視線の動きに反した書き方で起こる問題点

左ページの【問題】には、次の二つの問題点があります。

問題点1 図1を読むときに、視線の自然な動きと逆行するため見づらい

問題点2 改行が多く、視線の動きが一定でないため見づらい

ここでは話をわかりやすくするため、横書きの文章の場合に絞って、見やすい文章にするための方法を提案します。

視線の自然な動きに沿って文字や図表を配置する

読み手が左から右、上から下の順に文章を読むことを意識し、その動きに沿って文字や図表を配置することで、読むときの動きを止めない、前読んだところに戻らせない文章になります。たとえば、「図1」という言葉が出てきたときに、その**図が読んでいる部分よりも右あるいは下の位置**にあると、文章を読む動きのままに図を見ることができ、読み手に余計な負担がかかりません。

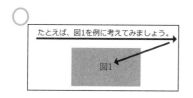

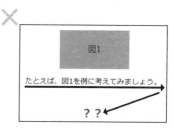

過剰な改行を減らして視線の動きを安定させる

　改行が多く、行によって行末の余白が多かったり少なかったりを過剰に繰り返すと、読み手はそれを目で追うだけで疲れてしまいます。場合によっては、丁寧に読むのをやめて流し読みに変えてしまうこともあるでしょう。

　そこで、**過剰な改行を減らし、1文あたりの長さをできるだけそろえる**ことで、視線の動きの幅が安定し、より見やすい文章になります。

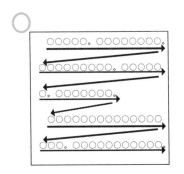 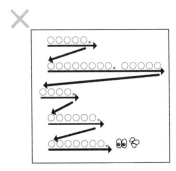

2段組みにすることで視線の動きの幅を狭くする

　今回の【問題】では気にならない方が多いかと思いますが、1行の長さがあまりにも長いと、読み手に負担がかかることがあります。

　1行の長さが長い文章の場合は、2段組みにする方法がおすすめです。2段組みにすることで、読むときの視線の動きの幅が狭くなるうえ、視界に一度に入る文字量が増えるため見やすい文章になります。

　ただし、2段組みは余白が少なすぎて読みづらいと感じる読み手もいるため、1段組みの場合とは逆に改行を使って余白を増やし、文字を詰めすぎないようにする工夫が必要です。

💡 Before

　文章は、紙面を文字が埋め尽くしているよりも、適度に余白があるほうが読みやすいことが多いです。しかし、つねに文字数に余裕を持って書けるとは限りません。

　ときには、ページ制限が厳しく、無駄なスペースを生みたくないこともあると思います。

　どうすればスペースを有効に使えるでしょうか。

図1

　たとえば、図1を例に考えてみましょう。図1をどこに置けば無駄なスペースを生まずに済むでしょうか。

💡 After

　文章は、紙面を文字が埋め尽くしているよりも、適度に余白があるほうが読みやすいことが多いです。しかし、つねに文字数に余裕を持って書けるとは限りません。ときには、ページ制限が厳しく、無駄なスペースを生みたくないこともあると思います。どうすればスペースを有効に使えるでしょうか。

　たとえば、図1を例に考えてみましょう。図1をどこに置けば無駄なスペースを生まずに済むでしょうか。

図1

まとめ

☑ 視線の動きを意識した配置：視線の自然な流れに沿って文字や図表を配置しましょう。

☑ 視線の動きの安定化：過剰な改行を減らすと、読み手の視線の動きが安定して負担を減らすことができます。

映える箇条書きの活用

01 > 箇条書きの中身を予告する

【問題】どうすれば見やすい箇条書きになるでしょうか。

　文章を書きおえたあと、少なくとも一度は他人に見てもらうことが重要です。

　（1）他人の目のほうが誤字脱字に気づきやすいから

　（2）無意識に必要な説明を省いてしまっている部分に気づいてくれるから

　（3）書き手のなかの「当たり前」と読み手のなかの「当たり前」のズレに気づいてくれるから

　【問題】を読んで、突然箇条書きが始まり驚いた方もいるのではないでしょうか。箇条書きで必須なのが、これからどのような内容について箇条書きをするのか、事前に**予告する文（予告文）**を書くことです。

予告文がないことによって起こる問題点

　【問題】のように予告文がないと次の三つの問題点が生じます。

　問題点1　唐突に箇条書きが始まるので読み手が驚く

　問題点2　何を箇条書きにしているのかがわからなくなる

　問題点3　本文と箇条書きとの流れが切れてしまう

内容と量の予告をする

予告文は、**内容の予告と量の予告の両方を書く**ことが重要です。

内容の予告　何について述べるかを予告する

量の予告　いくつの項目について述べるかを予告する

この二つを、「他人の目を通すことが重要な理由は、三つあります。」のように1文で表すと、効果的な予告文になり、箇条書きがわかりやすくなります。

💡 **Before**

文章を書きおえたあと、少なくとも一度は他人に見てもらうことが重要です。

(1) 他人の目のほうが誤字脱字に気づきやすいから

(2) 無意識に必要な説明を省いてしまっている部分に気づいてくれるから

(3) 書き手のなかの「当たり前」と読み手のなかの「当たり前」のズレに気づいてくれるから

⬇

💡 After1

文章を書きおえたあと、少なくとも一度は他人に見てもらうことが重要です。**他人の目を通すことが重要な理由は、三つあります。**

(1) 他人の目のほうが誤字脱字に気づきやすいから

(2) 無意識に必要な説明を省いてしまっている部分に気づいてくれるから

(3) 書き手のなかの「当たり前」と読み手のなかの「当たり前」のズレに気づいてくれるから

箇条書きを強調する

　さらに、**予告文を見出しのように見せる**と、箇条書きが視覚的により わかりやすくなります。具体的には次の二つの方法がおすすめです。

　方法1　箇条書き全体の見出しをつける
　方法2　各項目に短い見出しをつける

　いずれも箇条書きの本文とは異なる、**ゴシック体のような目立つフォントを使用する**とより効果的です。方法2は、「理由」「方法」「問題点」など、**内容を端的に表す言葉**を項目の頭に添えることで、一目見てすぐに頭に入る箇条書きになります。

　このような、見た瞬間に箇条書きの内容が頭に入ってくるような書き方は、重要な点をとくに目立たせる必要がある応募書類やスライドで有効な方法です。

💡 **Before**

　文章を書きおえたあと、少なくとも一度は他人に見てもらうことが重要です。他人の目を通すことが重要な理由は、三つあります。

　（1）他人の目のほうが誤字脱字に気づきやすいから
　（2）無意識に必要な説明を省いてしまっている部分に気づいてくれるから
　（3）書き手のなかの「当たり前」と読み手のなかの「当たり前」のズレに気づいてくれるから

⬇

💡 After2

文章を書きおえたあと、少なくとも一度は他人に見てもらうことが重要です。**他人の目を通すことが重要な理由は、三つあります。**

他人の目を通すことが重要な理由
理由1 他人の目のほうが誤字脱字に気づきやすいから
理由2 無意識に必要な説明を省いてしまっている部分に気づいてくれるから
理由3 書き手のなかの「当たり前」と読み手のなかの「当たり前」のズレに気づいてくれるから

まとめ

☑ 箇条書きの予告文の使用：箇条書きの直前に、内容と量の予告をする予告文を書きましょう。

☑ 箇条書きの強調：箇条書きを強調したい場合、箇条書き全体の見出しをつけたり、各項目の小見出しをつける方法が効果的です。

02 > 階層構造を明確にする

【問題】どうすれば見やすい箇条書きになるでしょうか。

第7章の見出しと概要は以下のとおりである。
①字間と行間のバランスに気をつける
・行間を字間よりも広く設定する
・Power Point の字間と行間の初期設定は日本語に適していないため、とくに注意する
②字間のばらつきを解消する
（後略）

　上に挙げた【問題】を読んで、どことどこの項目が同じ階層にあるか、一目ですぐにわかったでしょうか。おそらく、一つ一つ中身を読んでようやく、同じ階層で対応している項目が理解できたのではないかと思います。

　【問題】の箇条書きがわかりにくい理由は、**項目ごとの階層の上下関係が、視覚的に明示されていない**ためです。

箇条書きの階層構造の問題点

　上記の【問題】には、以下のような三つの問題点があります。

問題点1　階層が異なるのに文頭の位置が同じで見づらい

問題点2　記号の下に2行目以降の文字があって見づらい

問題点3　同じ項目内の行間と、異なる項目間の行間が、同じ広さで見づらい

階層が一つ下がるごとに文頭を1字下げる

　まず、**箇条書きの開始部分で字下げをすること**が重要です。「字下げ」とは、行の先頭に空白を入れることで、ほかの行よりも下がった位置から文字を開始することです。これにより、本文と箇条書きとを視覚的に区別することができます。たとえば【問題】であれば、「①」の文頭に1字、あるいは2字分のスペースを入れると、箇条書きが始まることが一目でわかるようになります。

○
| 第7章の見出しと概要は以下のとおりである。 |
| 　①字間と行間のバランスに気をつける |

×
| 第7章の見出しと概要は以下のとおりである。 |
| ①字間と行間のバランスに気をつける |

　さらに、**階層が下がるごとに文頭を1字下げる**ことも重要です。【問題】の「①字間と行間のバランスに気をつける」のなかには、一つ下の階層として、中点「・」から始まる二つの項目が入っています。このような場合、中点から始まる二つの項目のそれぞれ文頭に、上の階層より1字分多くスペースを入れると、階層が下がることを視覚的に表現することができます。

○
| 第7章の見出しと概要は以下のとおりである。 |
| ①字間と行間のバランスに気をつける |
| 　・行間を字間よりも広く設定する |

×
| 第7章の見出しと概要は以下のとおりである。 |
| ①字間と行間のバランスに気をつける |
| ・行間を字間よりも広く設定する |

記号の下は空白にする

　【問題】の①では、二つ目の項目の頭にある記号「・」が目立ちにくくなっています。これは、2行目が左端から始まっているためです。**2行目以降は、ルーラーを使って文頭を1行目と同じ位置まで下げ、記号の下を空白にする**と、階層構造をより見やすくすることができます。

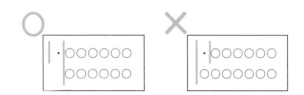

同じ項目内の行間よりも異なる項目間の行間を広くとる

　同じ項目内の行間よりも、異なる項目間の行間を広くとることで、視覚的に**項目ごとのまとまりを明示する**ことができ、読みやすい箇条書きになります。

同じ項目内の行間　　箇条書きのなかの一つの項目が複数の行にわたっている場合の行間

異なる項目間の行間　箇条書きのなかの項目と項目の間の行間

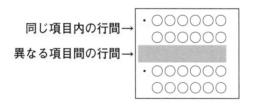

💡 **Before**

第7章の見出しと概要は以下のとおりである。

①字間と行間のバランスに気をつける

・行間を字間よりも広く設定する

・Power Point の字間と行間の初期設定は日本語に適していないため、とくに注意する

②字間のばらつきを解消する

（後略）

⬇

After

第7章の見出しと概要は以下のとおりである。

　①字間と行間のバランスに気をつける

　　・行間を字間よりも広く設定する

　　・Power Point の字間と行間の初期設定は日本語に適していないため、とくに注意する

　②字間のばらつきを解消する

　（後略）

まとめ

☑ 本文と箇条書きの区別：箇条書きを始めるさいは文頭に1〜2字分空白を入れましょう。

☑ 階層の句切れの明示：階層が一つ下がるごとに文頭を1字下げましょう。

☑ 同じ項目であることの明示：一つの項目が行をまたぐ場合、記号の下は空白にしましょう。

☑ 異なる項目であることの明示：同じ項目内の行間よりも異なる項目間の行間を広くとりましょう。

03 > 記号の使い方を工夫する

【問題】どうすれば見やすい**箇条書き**になるでしょうか。

・レイアウトを操る
　①魅せる書式の設定
　　（1）字間と行間のバランスに気をつける
　②映える箇条書きの活用
　　（1）箇条書きの中身を予告する
・文字を使い分ける

　箇条書きではよく丸数字「①」などの記号を使用しますが、使い方によっては逆にわかりづらくなってしまうこともあります。

箇条書きで使用する記号の問題点

　【問題】には次のような二つの問題点があります。
　　問題点1　記号の種類が多くて見づらい
　　問題点2　上の階層の記号が目立たなくて見づらい

複数の種類の記号を使いすぎない

　記号を使うよりも、**フォントのサイズや種類を変える**ほうがシンプルで見やすい場合があります。たとえば、上の階層の項目を**ゴシック体**にするだけでも、上の階層が目立ち上下関係がわかりやすくなります。

　また、より洗練させるには、太字対応のフォントを使用して上の階層の項目を太字にする方法も有効です（第4章第3節参照）。

階層が上の項目ほど目立つ記号を使う

　あとで言及する場合など、記号を使用したい場合もあるでしょう。その場合は、**階層の上下と記号の目立ちやすさを対応させる**と見やすい箇条書きになります。

階層　上━━━━━━━━→下

（1）　①　・

💡 **Before**

・レイアウトを操る

　①魅せる書式の設定

　　（1）字間と行間のバランスに気をつける

　②映える箇条書きの活用

　　（1）箇条書きの中身を予告する

・文字を使い分ける

⬇

💡 After

レイアウトを操る

　①魅せる書式の設定

　　・字間と行間のバランスに気をつける

　②映える箇条書きの活用

　　・箇条書きの中身を予告する

文字を使い分ける

☑ 記号の量：**複数の種類の記号の使いすぎに注意しましょう。**

☑ 記号の種類の選択：**階層が上の項目ほど目立つ記号を使うよう**にしましょう。

TOPIC
04 > 箇条書きの文末に注意する

【問題】どうすればスライドで見やすい箇条書きになるでしょうか。

本発表の流れ
　①そもそも箇条書きとはどのようなものを指すのか説明する
　②箇条書きをするときは予告文が必要であることを述べる
　③箇条書きをするときは階層構造を明確にすることが重要であることを述べる

　箇条書きをするときに、述語まで書いた文にするか、名詞で終える体言止めにするか、迷った経験はありませんか。迷ったときにポイントになるのが、**箇条書きの内容を口頭で補える**かどうかです。

箇条書きの文末の書き方の問題点

　上記の【問題】には、次のような二つの問題点があります。

　問題点1　口頭で補える場合、箇条書きを述語まで書くと情報量が多くなりすぎる

　問題点2　口頭で補えない場合、体言止めにすると文意が正確に伝わらないことがある

口頭で補える場合は箇条書きを体言止めで書く

　もし上記の【問題】をスライドで提示され、さらに口頭で読み上げられたら、どのように感じるでしょうか。たとえば①は、「『箇条書きとは』で十分だ」と思う方も多いのではないでしょうか。

　口頭で補える場合は、箇条書きを体言止めで書き、述語は口頭で補

う方法が有効です。視覚に訴えるプレゼンテーションでは、体言止めで簡潔に書かれていたほうが一目でポイントが伝わりやすくなります。また、省略した文末を口頭で補えば、情報を正確に伝えることもできます。

口頭で補えない場合は箇条書きを述語まで書く

一方で、つねに体言止めで書くのがいいかというとそうではありません。**書面のみで正確に理解してもらわなければならない場合は、文末の述語まで書いたほうが確実**です。

💡 Before

本発表の流れ

①そもそも箇条書きとはどのようなものを指すのか説明する

②箇条書きをするときは予告文が必要であることを述べる

③箇条書きをするときは階層構造を明確にすることが重要であることを述べる

⬇

💡 After（口頭で補える場合）

本発表の流れ

①箇条書きとは

②予告文の必要性

③明確な階層構造の重要性

まとめ

☑ 箇条書きの文末の選択：口頭で補える場合は体言止めで、口頭で補えない場合は述語まで書くと効果的です。

惹きつける見出しの選択

大見出しには
文章のタイトルをつける

【問題】次の文章に大見出し（タイトル）をつけてみましょう。

　一般に、猫は気分屋でそっけないといわれますが、なかには甘えん坊で友好的な性格の猫もいます。ある研究によると、猫の性格は、柄や毛色によって違うのだそうです。

　まず、猫の代名詞ともいえる「トラ柄」ですが、色によって性格が違うようです。茶トラは、穏やかで人懐こい性格だといわれています。おっとり温厚な性格なので、はじめて猫を飼う人にもおすすめです。キジトラも人懐こい性格ですが、好奇心が旺盛で茶トラより野性的です。

　つぎに「三毛」は、遺伝的にほぼメスしか生まれません。マイペースで好き嫌いがはっきりした性格です。（後略）

　【問題】の文章には見出しがついていないため、文章をすべて読むまで内容が理解できません。**見出しは、文章の要点を一目で伝えるもの**であるため、見出しを効果的に用いることによって、文章の見やすさ、わかりやすさは格段に向上します。

見出しが本文の要約になるように意識する

　見出しには、サイズによって「大見出し」「中見出し」「小見出し」という階層があります。**大見出しは**、文章に一つだけつけられ、**文章全体を要約するタイトル**です。そのため、大見出しがあると、読み手は本文を読まなくても、何について書かれた文章であるか把握できます。

　【問題】の文章は、猫の性格は柄や毛色によって違うということを、例を挙げて説明しています。そのため、これを大見出しとしてつけたら、何について書かれた文章かが一目でわかるようになります。

 Before
大見出し
　なし

 After
大見出し
　猫の性格は柄や毛色によって違う

まとめ

☑ 見出しは要約：見出しは、文章の内容が一目でわかるようにつけると効果的です。

☑ 大見出しは文章全体のタイトル：**文章全体を要約して大見出しをつけましょう。**

02 > 見出しの観点を統一する

【問題】中身を読まなくてもだいたいわかるように、下線部の中見出しと小見出しを修正してみましょう。

美容業界の動向と問題点にたいする方針

　本報告書では、2020年1月に行われた美容業界の市場調査から美容業界の動向と問題点、今後の対応策について述べる。

<u>1．どんな業界か</u>
　<u>（1）拡大する市場規模</u>

　美容業界とは、美容室・美容院・ビューティサロンなど、美容サービスを提供する事業を指す。1999年以降、美容業界は拡大をつづけており、厚生労働省と総務省の統計から、市場規模は1兆3千億円と推定される。
　<u>（2）美容営業施設は都市部に多く、競争が激化している</u>

　現在、日本全国の美容営業施設は約24万施設に及ぶ。とくに、都市部には美容営業施設が多く、競争が激化している。

<u>2．問題点</u>
　<u>（1）後継者がいない</u>

　全体の約78％が「後継者がいない」と回答しており、将来に不安をかかえる経営者が多い。そのため、今後の経営方針としては廃業・転業があわせて17.6％と高い割合になっている。（後略）

　中見出しと小見出しは、文章中にいくつも書かれる可能性があります。**中見出しと小見出しは、次に書かれる段落の話題を一目で示し、読み手をナビゲートするもの**です。

＜中見出し＞
　１.どんな業界か
　２.問題点

見出しには本文と同じ言葉を使う

　まず、二つ目の階層である中見出しについて考えてみます。「美容業界の動向と問題点にたいする方針」という大見出しの下には、概要文が書かれており、美容業界の「動向」「問題点」「今後の対応策」の三つを述べると予告しています。

　１.の（1）（2）には、美容業界の動向、２.の（1）には問題点が書かれているので、概要文と同じ「動向」「問題点」という言葉を用いた中見出しをつけたほうが、読み手が流れを追いやすくなるでしょう。

 Before

１.どんな業界か
２.問題点

　　　　　　　　　　　　　⬇

After

１.美容業界の動向
２.美容業界の問題点

見出しの観点をそろえる

つづいて、三つ目の階層である小見出しを見てみます。【問題】の小見出しは以下の三つです。中見出しと小見出しが文章中に複数書かれる場合、同じ階層の見出しは同じ観点になるように統一する必要があります。観点が統一されていないと、どれとどれが同じ階層か理解しにくくなるためです。

<小見出し>

（1）拡大する市場規模

（2）美容営業施設は都市部に多く、競争が激化している

（1）後継者がいない

観点をそろえるさいには、次の3点に注意する必要があります。

・語句の品詞をそろえる。

　名詞の体言止めにそろえる、動詞にそろえる、など

・語句の種類をそろえる。

　同じ観点・同じグループの語句にそろえる、など

・語句のレベルをそろえる。

　同じ抽象度の語句にそろえる、など

語句の品詞をそろえる

三つの小見出しのうち、一つ目の「（1）拡大する市場規模」は名詞、二つ目の「（2）美容営業施設は都市部に多く、競争が激化している」は動詞、三つ目の「（1）後継者がいない」は動詞の否定形と、品詞がそろっていません。ここでは、一つ目の小見出しに合わせて、名詞に統一してみます。

「（2）美容営業施設は都市部に多く、競争が激化している」とい

う見出しは、本文の2文目をそのまま切りとったものなので、簡潔であるとはいえません。この段落では、「都市部」で「競争が激化」していることについて述べられていますので、「激化する都市部の競争」と名詞化して小見出しにできます。

　三つ目の「(1) 後継者がいない」という小見出しは、「いない」を「不足」という名詞に置き変えると、意味を変えずに観点がそろいます。

💡 **Before**

(1) 拡大する市場規模

(2) 美容営業施設は都市部に多く、競争が激化している

(1) 後継者がいない

- - - - - - - - - - - - - - -　⬇　- - - - - - - - - - - - - - -

💡 **After**

(1) 拡大する市場規模

(2) **激化する都市部の競争**

(1) **後継者不足**

語句の種類をそろえる

　見出しの「語句の種類をそろえる」というのは、語句の種類やグループをそろえるということです。たとえば、次の図のように、同じ美容業界の名詞を扱う場合でも、「顧客へのサービス」の観点と、「顧客からのクレームへの対応」の観点は、別のグループであるため、混在させないようにするということです。

　上の四角には中見出しがないため、種類の違う要素が混在していますが、下の四角のように中見出しがあれば、小見出しが整います。

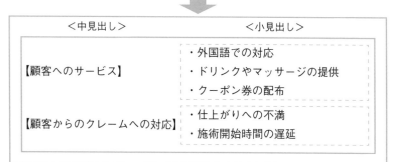

見出しの観点の統一例

語句のレベルをそろえる

　最後に、見出しの「語句のレベルをそろえる」というのは、同じ階層の見出しは抽象度をそろえるということです。長い文章では、小小見出しを立てることもありますが、階層ごとに抽象度をそろえて、何と何が並列関係にあるかを示すことが重要です。

　上の図では、「顧客へのサービス」と「顧客からのクレームへの対応」という中見出しの抽象度が一致しており、その下にある小見出しは、それぞれの中見出しの具体例を示しているため、レベルがそろっているといえます。中見出しをつければ小見出しが整うように、語句の種類とレベルをそろえる作業は、同時に行う作業です。

After

美容業界の動向と問題点にたいする方針

　本報告書では、2019年9月に行われた美容業界の市場調査から美容業界の動向と問題点、今後の振興方針について述べる。

1. 美容業界の動向

(1) 拡大する市場規模

　美容業界とは、美容室・美容院・ビューティサロンなど、美容サービスを提供する事業を指す。1999年以降、美容業界は拡大をつづけており、厚生労働省と総務省の統計から、市場規模は1兆3千億円と推定される。

(2) 激化する都市部の競争

　現在、日本全国の美容営業施設は約24万施設に及ぶ。とくに、都市部には美容営業施設が多く、競争が激化している。

2. 美容業界の問題点

(1) 後継者不足

　全体の約78％が「後継者がいない」と回答しており、将来に不安をかかえる経営者が多い。そのため、今後の経営方針としては廃業・転業があわせて17.6％と高い割合になっている。（後略）

まとめ

☑ 中見出しと小見出しはナビゲーター：中見出しと小見出しでは、次に書かれる段落の話題を端的に示すと効果的です。

☑ 見出しの観点の統一：同じ階層の見出しは、語句の品詞・種類・レベルを統一しましょう。

TOPIC
03 > 見出しの改行に注意する

【問題】読みやすくなるように見出しを修正してみましょう。

> 立地条件別１施設あたりの平
> 均従業員数

　立地条件ごとに１施設の常時
雇用者数に差がみられる。まず、
複合施設内の店舗の場合、１施

> 経営主体別土地・建物の所有
> 者の割合

　店舗施設の所有状況の割合を
経営主体別にみると、「土地・
建物とも自己所有」の割合がもっ

　見出しは、本文の内容を一言で示すタイトルです。読み手がぱっと見て理解できることが望ましいため、長すぎる見出しは効果的ではありません。パワーポイントのスライドなど、限られたスペースに見出しを並べるさいは、その示し方も重要になります。

見出しのわかりやすい並べ方

　上の【問題】の二つの見出しはどうでしょうか。限られたスペースに書く見出しは、**最低限の情報に絞ってできるだけ１行で収まるように短く**つけたほうがわかりやすくなります。やむをえず改行する場合は、名詞や動詞の途中で改行することは避け、助詞の箇所で改行するなど、**意味のまとまりを意識して改行**すれば、読み手の理解を助けます。

　また、同一階層の見出しが複数ある場合には、改行箇所をそろえたほうが見やすく、わかりやすくなります。

Before

立地条件別1施設あたりの平均従業員数

経営主体別土地・建物の所有者の割合

　立地条件ごとに1施設の常時雇用者数に差がみられる。まず、複合施設内の店舗の場合、1施

　店舗施設の所有状況の割合を経営主体別にみると、「土地・建物とも自己所有」の割合がもっ

 After1

立地条件別平均従業員数

経営主体別所有者の割合

 After2

立地条件別 1施設あたりの平均従業員数

経営主体別 土地・建物の所有者の割合

　さらに見出しを見やすく、読み手の目を引きやすくする工夫としては、文字のフォントや色を変えたり、下線を引いたりすることも考えられます。詳しくは、第4章第3節を参照してください。

まとめ

- ☑ 見出しはできるだけ短く：見出しには、最低限の情報だけを書いて見やすくしましょう。
- ☑ 意味のまとまりで改行：見出しを改行するさいは、意味のまとまりを考慮しましょう。

TOPIC
**04 > 見出しに一貫性と全体性を
持たせる**

【問題】2.と3.の見出しを対応させ、見出しに一貫性を持たせる
には、どう修正すればよいでしょうか。

2.美容業界の問題点
  （1）後継者不足
  （2）顧客サービスの問題点
  （3）立地条件の問題点
3.問題点への今後の対応策
  ① 顧客サービスの問題への対応策
  ② 後継者不足への対応策
  ③ 場所と店舗の問題への対応策

　読み手の理解を促すためには、見出しの観点が文章全体をとおし
て一貫性を持っている必要があります。一貫性を持つというのは、
章ごとにスタイルを変えず、同じルールで見出しをつけていくとい
うことです。

文章全体をとおして同じルールで見出しをつける

　一貫性を持たせるために、次の3点が重要になります。
　・見出しの順番をそろえる。
　・見出しの番号をそろえる。
　・見出しの表現をそろえる。

　【問題】の見出しはどうでしょうか。「2.美容業界の問題点」の

解決策が「3.問題点への今後の対応策」に書かれるのではないかと読み手は予測すると思いますが、小見出しが対応していないため、わかりにくいと感じられます。

見出しの順番をそろえる

　【問題】の見出しがわかりにくい一つ目の原因は、小見出しの順番です。「2.美容業界の問題点」の小見出しは、「(1) 後継者不足」「(2) 顧客サービスの問題点」の順ですが、「3.問題点への今後の対応策」の小見出しは、「①顧客サービスの問題への対応策」「②後継者不足への対応策」と、提示順が逆になっています。問題点と対応策の対応関係を見せるには、小見出しの順番をそろえる必要があります。

見出しの番号をそろえる

　見出しがわかりにくい二つ目の原因は、小見出しの番号です。「2.美容業界の問題点」の小見出しは、(1)(2)(3) ですが、「3.問題点への今後の対応策」の小見出しには、①②③が使われています。同じ階層の見出しは、同じ形式で番号を示さないと、対応関係がわかりにくく、混乱が生じる恐れがあります。

見出しの表現をそろえる

　【問題】の見出しがわかりにくい三つ目の原因は、小見出しの表現です。「2.美容業界の問題点」の三つ目の小見出しは、「(3) 立地条件の問題点」ですが、「3.問題点への今後の対応策」の三つ目の小見出しには、「③ 場所と店舗の問題への対応策」と書かれています。「立地条件」と「場所と店舗」が同じ内容を指しているのかどうかは、本文を読んでみるまでわかりません。内容が対応してい

るのであれば、見てすぐにわかるよう、同じ表現にそろえる必要が
あります。

　以上のように、文章全体をとおして一貫性を持った見出しをつけ
ることで、全体のまとまりがよくなり、読み手を的確にナビゲート
することも可能になります。

💡 **Before**

2. 美容業界の問題点

　　（1）後継者不足

　　（2）顧客サービスの問題点

　　（3）立地条件の問題点

3. 問題点への今後の対応策

　　① 顧客サービスの問題への対応策

　　② 後継者不足への対応策

　　③ 場所と店舗の問題への対応策

⬇

💡 After

2. 美容業界の問題点

　　（1）後継者不足

　　（2）顧客サービスの問題点

　　（3）立地条件の問題点

3. 問題点への今後の対応策

　　（1）後継者不足への対応策

　　（2）顧客サービスの問題への対応策

　　（3）立地条件の問題への対応策

まとめ

☑ 見出しは同一ルール：

1. 対応関係のある見出しの場合、項目の順番を変えず、そろえましょう。

2. 同じ階層の見出しには、文章をとおして同じ形式で番号をつけましょう。

3. 対応関係のある見出しの場合、同じ表現を使いつづけましょう。

書きこまない技術を鍛える

　書籍や雑誌のように紙で文章を読む時代から、スマホやタブレット、パソコンのディスプレイで文章を読む時代になって、もっとも変わったのは紙面の使い方ではないでしょうか。

　ひと昔前の新聞の紙面が典型的に表しているように、文字でびっしり埋まっているのが紙の文章の特徴で、白い部分はできるだけ少なくするのがプロの美学でした。ところが、デジタルの時代になると、むしろ黒い部分をいかに減らすかにプロの書き手は腐心するようになりました。複雑さ・難解さが正義だった昭和から、単純さ・わかりやすさが正義になった平成へ。令和の時代は、この傾向が加速することはあっても、後戻りすることはないでしょう。これも一つの時代の流れです。

　そうした時代では、書きこまない技術が重要です。文章にベタで書きこまず、箇条書きと見出しを活用するのが昨今の流儀です。半面、文章にベタで書きこまないと、説明不足になりがちです。そこで、適切な言葉を吟味し、話がどのように展開するかをいかにわかりやすく読み手に伝えるかが勝負になります。

　また、白い部分が大きいので、黒い文字の部分を紙面のどの位置に配置するかという図形的なセンスも重要になってきます。第7章で述べられていた読み手の視線の動きはとても重要です。読み手の視線が話のストーリーを自然に追えるように言葉を配置し、読み手の視線の動きを最小限に抑え、読み手を楽にする。こうした配慮が重要になる時代に私たちは生きています。

第 **4** 部

文章構成を整える

　文とは、具体的で統一性があり、完結しているものであるといわれます。私たちが日ごろ目にする多くの文には、主語と述語があると思われがちですが、「猫！」という 1 語でも文として成立します。文はどのようにつづいて段落、文章になっていくのでしょうか。

　わかりやすい文や文章を書くために、気をつけることについて考えましょう。

TOPIC
01 > **関係性の強さによって
文の長さを調整する**

【問題】読みやすくなるように文の区切り方を直してみましょう。

(1) キハチに入ってカルボナーラを食べて資生堂パーラーに入っ
てパフェを食べた。

(2) お願いしたい記事は、けっしておかたい記事ではなく、ライ
ターさんがどんな人かが伝わってくるような、ブログ風のゆ
るめのノリの記事を書いていただきたくて、得意なジャンル
について、友達に話すような感覚で書いてください。

一つの文に色々な情報が盛りこまれていると、わかりにくく感じ
られます。そこで、文を切り、文の構造を見えやすくすることが考
えられますが、短い文ばかりが並ぶ文章は、流れが悪く、稚拙に感
じられるというデメリットもあります。では、どんなときに文を短
くすればいいでしょうか。

出来事の関係性が弱い箇所で文を切る

(1) の文には、「キハチに入る」「カルボナーラを食べる」「資生
堂パーラーに入る」「パフェを食べる」という四つの出来事が並ん
でいますが、出来事の関係性の強さは異なります。

「キハチに入」り、そこで「カルボナーラを食べ」たことは関係
性の強い出来事ですが、「カルボナーラを食べ」たことと「資生堂
パーラーに入っ」たことは、「キハチ」で「カルボナーラを食べ」
たことにくらべると、関係性の弱い出来事です。さらに、「資生堂

パーラーに入っ」て「パフェを食べ」たことは、「キハチ」で「カルボナーラを食べ」たことと同じ、関係性の強い出来事です。

出来事の関係性の強さ

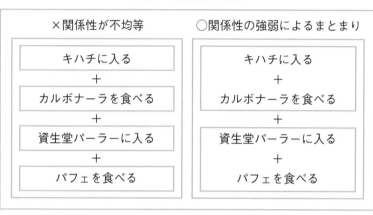

×関係性が不均等	○関係性の強弱によるまとまり
キハチに入る ＋ カルボナーラを食べる ＋ 資生堂パーラーに入る ＋ パフェを食べる	キハチに入る ＋ カルボナーラを食べる 資生堂パーラーに入る ＋ パフェを食べる

このように、(1) の文では、関係性の強さが同じではない出来事がすべて「〜て」という同じ形式でつながれているため、わかりにくく感じられます。**関係性の強さが違う出来事は並列せず、関係性の弱い箇所で文を切ったほうがいいでしょう。**

💡 **Before**

(1) キハチに入ってカルボナーラを食べて資生堂パーラーに入ってパフェを食べた。

⬇

💡 After

(1) キハチに入ってカルボナーラを食べた。**それから、**資生堂パーラーに入ってパフェを食べた。

　つぎに、(2) の文について考えてみましょう。(2) は長い文ですが、述語をもとに3文に切ることができます。

・お願いしたい記事は、けっしておかたい記事ではありません。

・ライターさんがどんな人かが伝わってくるような、ブログ風のゆるめのノリの記事を書いていただきたいです。

・得意なジャンルについて、友達に話すような感覚で書いてください。

　それぞれの文の主語を考えてみると、1文目は、「(**私が**) お願いしたい記事は」が主語です。2文目には、主語が書かれていませんが、述語が「書いていただきたいです」なので、「私は」が省略されていると考えられます。3文目も主語が明示されていませんが、述語が「書いてください」なので、「あなたは」が省略されていると考えられます。つまり、1文目と2文目は「私」が行為の主体ですが、3文目だけは「あなた」になります。

　(2) のように、三つ以上の文がまとまって1文になっている場合、主語が変わらないほかの箇所と並列すると、主語が変わった箇所だけ関係性が弱く、つながりが悪く感じられます。そのため、**関係性の強さが違うものは並列せず、主語が変わった箇所で文を切ったほうがいいでしょう**。

　本節で挙げた出来事や主語だけでなく、関係性の強さは、因果関係や語句の意味などでも変わりますので、並列するさいには注意してください。

主語による関係性の強さ

×関係性が不均等	○関係性の強弱によるまとまり
(私が)お願いしたい記事は おかたい記事ではありません。 ＋ (私は)ゆるめのノリの記事を 書いていただきたいです。 ＋ (あなたは)得意なジャンルに ついて書いてください。	(私が)お願いしたい記事は おかたい記事ではありません。 ＋ (私は)ゆるめのノリの記事を 書いていただきたいです。 ＋ (あなたは)得意なジャンルに ついて書いてください。

Before

(2) お願いしたい記事は、けっしておかたい記事ではなく、ライ
ターさんがどんな人かが伝わってくるような、ブログ風のゆ
るめのノリの記事を書いていただきたくて、得意なジャンル
について、友達に話すような感覚で書いてください。

⬇

After

(2) お願いしたい記事は、けっしておかたい記事ではなく、ライ
ターさんがどんな人かが伝わってくるような、ブログ風のゆ
るめのノリの記事です。得意なジャンルについて、友達に話
すような感覚で書いてください。

まとめ

☑ 文を短く切ったほうがいい箇所：並列のなかで関係性が均等
にならない場合は、文を短く切りましょう。

02 > 修飾・被修飾の関係に配慮する

【問題】読みやすくなるように語順を変更してみましょう。

私は、震災の被害に遭った大学生が両親との死別がその後の人生に
与えた影響について語った番組に心を打たれた。

　長い文を長いまま正確に理解してもらうためには、**修飾・被修飾
の関係にあるものは近くに置くことが大切**です。長い文には、主
語・述語、修飾語・被修飾語などが複数含まれている可能性があり
ますが、そのような文は、構造が複雑になり、読み手は意味のまと
まりを捉えにくくなるため、負担が増えます。

修飾・被修飾の関係にあるものは近くに置く

　【問題】の文には、複雑な修飾関係が含まれていますが、対応す
るものが近くに置かれているでしょうか。「私は」「心を打たれた」
という文の主語・述語のなかに、「大学生が」「語った番組」と、
「両親との死別が」「与えた影響」という主語・述語の修飾関係が含
まれます。

私は、震災の被害に遭った大学生が両親との死別がその後の人生に

与えた影響について語った番組に心を打たれた。

　修飾関係にあるもの同士を線で結んでみると、【問題】の文は、
線が長くなり、複雑に交錯します。

　修飾関係にあるもの同士ができるだけ近い位置になるよう、順番を入れ替えると、どうでしょうか。対応関係の線が輪ゴムの半円のようになり、わかりやすくなります。輪ゴムができるだけ短くなるよう、修飾関係にあるものは近くに置きましょう。

両親との死別がその後の人生に与えた影響について、震災の被害に

遭った大学生が 語った番組を見て、私は 心を打たれた。

 Before

私は、震災の被害に遭った大学生が両親との死別がその後の人生に与えた影響について語った番組に心を打たれた。

 After

両親との死別がその後の人生に与えた影響について、震災の被害に遭った大学生が語った番組を見て、私は心を打たれた。

まとめ

☑ 修飾・被修飾の位置：**修飾関係にあるものは近くに置きましょう。**

TOPIC
03 > 3文以上は時系列に並べる

【問題】読みやすくなるように節の順序を変えてみましょう。

第二次世界大戦の勃発で東京オリンピックの開催は一度ご破算になったが、当初1936年の開催が決定していたため、1964年の東京オリンピック再度の開催は日本の悲願であった。

　述語が複数ある文を書くさいには、複数の述語が次々に出てくるため、話がどの順番に進むかを明確に示す必要があります。

矢印が混線しないように書く

　【問題】の文は、三つの文に分けることができます。「第二次世界大戦の勃発で東京オリンピックの開催は一度ご破算になった」のだが、じつは「当初1936年の開催が決定していた」。そのため、「1964年の東京オリンピック再度の開催は日本の悲願であった」という流れです。図示すると、文をまたいで矢印が上下に向いており、複雑に見えます。

第二次世界大戦の勃発で東京オリンピックの開催は一度ご破算になった。

↑　しかし

当初1936年の開催が決定していた。　　　　　だから

1964年の東京オリンピック再度の開催は日本の悲願であった。

　2文だけのときは、矢印がどちらを向いても読み手の理解にさほど影響を与えませんが、**3文以上の場合には、時系列に並べ、矢印が同じ向きになるようにそろえたほうがわかりやすくなります。**

東京オリンピックは、当初1936年の開催が決定していた。
⬇　しかし
第二次世界大戦の勃発で一度ご破算になった。
⬇　だから
1964年の東京オリンピックの開催は日本の悲願であった。

💡 Before

第二次世界大戦の勃発で東京オリンピックの開催は一度ご破算になったが、当初1936年の開催が決定していたため、1964年の東京オリンピック再度の開催は日本の悲願であった。

⬇

💡 After

東京オリンピックは当初1936年の開催が決定していたが、第二次世界大戦の勃発で一度ご破算になったため、1964年の再度の開催は、日本の悲願であった。

まとめ

☑ 3文以上を並べるときは時系列：前から順に時系列に書いたほうが理解がスムーズになります。

TOPIC
04 > 並べるときは
単純に・シンプルに

【問題】並列関係が見やすくなるように直してみましょう。

(1) 私は、パティスリーサツキのスーパークラシックツインロールと博多ラーメンとアニメ映画を観ることが好きです。

(2) 言語教育では、文章を読むこと、文章を書くこと、人の話を聞くこと、人と話すこと、という四つの能力を総合的に育成することを目指す。

　助詞の「と」や「や」、「・」を使って**項目を列挙する場合は**、何と何が並列になっているか読み手がすぐ理解できるよう、**等価なものを並べる必要があります**。列挙のさいの記号の使い方は第1章第4節を参照してください。

並べるときは単純なものに合わせる

　(1) の文で、助詞の「と」で結ばれているのは、「パティスリーサツキのスーパークラシックツインロール」「博多ラーメン」「アニメ映画を観ること」の三つです。

　前の二つが物であるのにたいし、「アニメ映画を観ること」は事柄のため、等価とはいえません。そこで、「アニメ映画を観ること」を「アニメ映画」にすれば、三つとも物になります。

　また、一つだけ固有名詞や長い修飾語がついていると、等価ではないので、単純なものに合わせ、シンプルにします。詳しい説明を加えたい場合は、次の文で書きましょう。

💡 **Before**

(1) 私は、パティスリーサツキのスーパークラシックツインロールと博多ラーメンとアニメ映画を観ることが好きです。

⬇

💡 After

(1) 私は、**高級ロールケーキ**と博多ラーメンと**アニメ映画**が好きです。

省略できる表現は削る

　並列して複数の項目を並べるさいは、文ができるだけ短く簡潔になるように、**省略できる表現は削りましょう**。

　(2) では、「こと」という表現は削ることができます。また、「文章を」「人の話を」「人と」という語は省略してもわかります。

💡 **Before**

(2) 言語教育では、文章を読むこと、文章を書くこと、人の話を聞くこと、人と話すこと、という四つの能力を総合的に育成することを目指す。

⬇

💡 After

(2) 言語教育では、**読む、書く、聞く、話す**、という四つの能力の総合的な**育成**を目指す。

まとめ ✎

☑ 等価な項目を列挙：**質や長さをそろえて並べましょう**。

☑ 省略できる表現は削除：**不要な表現を削り、簡潔に美しく示**しましょう。

TOPIC
01 > **同じ接続詞の
過剰使用に注意する**

【問題】接続詞に気をつけて、読みやすくなるように直してみましょう。

（1）街なかで困っている人を見かけたら声をかけるかアンケートをとったところ、全体の8割が声をかけないと回答した。また、声をかけると答えた2割は、子育て経験のある人が多かった。また、20代から40代の人が中心であった。

（2）アルバイトをするのは若い子だという先入観がある。しかし、実際には元気なお年寄りのパワーに支えられている職場をよく見かける。しかし、先入観のためにアルバイトへの1歩を踏み出せないお年寄りも多い。

接続詞は、前の文脈をうけて後ろに続く内容を予告することで、読み手の理解を助ける表現です。しかし、上記の【問題】のように、**同じ接続詞を続けて使いすぎると、逆に読み手の理解を妨げてしまう**ことがあります。とくに注意が必要なのは、気軽に使いがちな「また」と「しかし」です。

同じ接続詞の過剰使用の問題点

上記の【問題】には、次の二つの問題点があります。

問題点1 接続詞が何をつないでいるのかがわからなくて読みにくい

問題点2 論理関係が矛盾していて読みにくい

階層が異なる文で「また」を続けて使わない

【問題】（1）では、「また」が二つの文で続けて使用されています。ここで問題になるのは、二つ目の「また」です。

【問題】の構造を図示してみると、以下のように二つの図を描くことができます。つまり、**解釈が2パターンある**ということです。

パターンA

| A。 | また、 | B。 また、 C。 |

パターンB

| A。 | また、 | B。 | また、 | C。 |

これでは一つ目の「また」と二つ目の「また」が異なる階層の事柄を並べているのか、同じ階層の事柄を並べているのかがわからなくなり読みにくいうえ、**伝えたい内容が正確に伝わらなくなってしまいます。**

パターンAのように、「また」がそれぞれ異なる階層のものを結びつけている場合は、以下の方法をとるのが有効です。

方法1 階層が低い内容（BまたC）を別の文にせず1文で書く

方法2 一つ目の「また」を「一方」に変える

方法3 階層が下がるBのところで「また」の代わりに改行1字下げをして段落を変える

💡 **Before**

（1）街なかで困っている人を見かけたら声をかけるかアンケートをとったところ、全体の8割が声をかけないと回答した。また、声をかけると答えた2割は、子育て経験のある人が多かった。また、20代から40代の人が中心であった。

⬇

💡 **After**（方法１の場合）

(1) 街なかで困っている人を見かけたら声をかけるかアンケートをとったところ、全体の８割が声をかけないと回答した。また、声をかけると答えた２割は、子育て経験のある人が**多く**、20代から40代の人が**中心**であった。

「しかし」を続けて使わない

【問題】(2) では、以下の図のように、二つの「しかし」が結びつける範囲が重なってしまっています。その結果、主張がひっくり返り、結局何が言いたいのかわかりにくくなっています。一つの段落内で「しかし」を複数使用する場合は、とくに注意が必要です。

A。　しかし、　B。　しかし、　C。

このように論理関係がわかりにくくなりがちなのはよく使用される「しかし」ですが、以下に挙げたほかの接続詞でも注意が必要です。

論理関係にかかわる接続詞

　順接の接続詞　だから、そのため、したがって
　逆接の接続詞　しかし、だが、それにもかかわらず

論理関係にかかわる接続詞を使用するときのコツは、**結びつける範囲が重ならないようにする**ことです。以下のように、一つ目の「しかし」と二つ目の「しかし」が結びつけている範囲が重なっていなければ、問題はありません。

A。　しかし、　B。　C。　しかし、　D。

♡ Before

(2) アルバイトをするのは若い子だという先入観がある。しかし、実際には元気なお年寄りのパワーに支えられている職場をよく見かける。しかし、先入観のためにアルバイトへの1歩を踏み出せないお年寄りも多い。

♡ After

(2) アルバイトをするのは若い子だという先入観が**ある**が、実際には元気なお年寄りのパワーに支えられている職場をよく見かける。しかし、先入観のためにアルバイトへの1歩を踏み出せないお年寄りも多い。

まとめ

- ☑ 「また」の過剰使用に注意：階層が異なる文で「また」を続けて使わないようにしましょう。

- ☑ 「また」の代わりになる表現：階層が低いほうの文を、助詞「や」で結びつけたり、改行1字下げをして段落を変えたりする方法が有効です。

- ☑ 「しかし」の過剰使用に注意：結びつける範囲が重なる文脈で「しかし」を繰り返し使わないようにしましょう。

TOPIC
02 > 接続詞で文を目立たせる

【問題】どうすれば主張を目立たせることができるでしょうか。

　接続詞を使いこなせると、長い文章を書くとき非常に役に立つ。次の展開を予告することで読み手の理解を助けることはもちろん、書き手自身が書く内容を整理するときの手助けにもなるからである。ただし、使いすぎると逆に効果を弱めてしまう。文章を推敲する過程で残す接続詞を厳選していく必要がある。

　文章を一言一句読む時間がなく、要点だけ読みたいと思うことはありませんか。要点が一目で伝わるように、**注目してほしい文とそうでない文とをメリハリをつけて書く**方法を提案します。

文章のメリハリにかんする問題点

　上記の【問題】には、次のような問題点があります。

　　問題点　どこに注目して読めばいいかわからず読みにくい

文頭に接続詞を置いて文を目立たせる

　文章にメリハリをつけるためのポイントは、接続詞です。要所に厳選して接続詞が使用されると、その文はそれだけで目立ちます。とくに、次のような文の先頭に接続詞があると、有効です。

主張が表れる文　　■逆接の論理展開の文（しかし、だが）

　　　　　　　　　　■新たな対処や行動を述べる文（そこで）

内容を整理する文　■内容をまとめる文（このように、つまり）

　　　　　　　　　　■複数の項目を並べる文（まず、また、さらに）

接続詞のところで改行する

接続詞を使用した文をより目立たせたい場合は、改行して形式段落の先頭に接続詞を持ってくる方法が有効です。先頭に空白がある分視界に入りやすく、拾い読みもしやすくなります。

💡 **Before**

接続詞を使いこなせると、長い文章を書くとき非常に役に立つ。次の展開を予告することで読み手の理解を助けることはもちろん、書き手自身が書く内容を整理するときの手助けにもなるからである。ただし、使いすぎると逆に効果を弱めてしまう。文章を推敲する過程で残す接続詞を厳選していく必要がある。

⬇

💡 After

接続詞を使いこなせると、長い文章を書くとき非常に役に立つ。次の展開を予告することで読み手の理解を助けることはもちろん、書き手自身が書く内容を整理するときの手助けにもなるからである。ただし、使いすぎると逆に効果を弱めてしまう。

そこで、文章を推敲する過程で残す接続詞を厳選していく必要がある。

まとめ ✎

☑ 接続詞による文の強調：「書き手の主張が表れる文」や「文章の内容を整理する文」を接続詞で目立たせると効果的です。

☑ 接続詞の強調：形式段落の先頭で接続詞を使うと、より接続詞とその後ろの文を目立たせることができます。

TOPIC
03 > 接続詞で整理する

【問題】接続詞に気をつけて、読みやすくなるように直してみましょう。

　文章を書くときは、次のような手順で書くと話の流れがわかりやすくなります。①まず、アウトラインを書いて、文章全体のおおまかな流れを決めます。②また、アウトラインに沿って、内容を埋めていきます。アウトラインを肉付けしていくイメージで書いていくと、話が大きくそれずに書くことができます。書く順序は、必ずしも出だしから順番に書く必要はありません。書きやすい部分から書いていきましょう。③さらに、文章全体の流れを見直し、修正します。

　上に挙げた【問題】を読んで、おそらく多くの方が、①まではスムーズに読んだものの、②の文頭にある接続詞「また」で少し違和感を覚えたのではないでしょうか。また、①が1文で短かったため、②が予想以上の長さで驚いた方もいるかもしれません。そして、「さらに」で始まる③の文が、尻切れトンボな印象を持った方もいるでしょう。これらはいずれも、接続詞を利用して文章を整理するときの重要なポイントです。

接続詞で整理するときに起こりやすい問題点

　上記の【問題】には、次の三つの問題点があります。

　　問題点1　内容と接続詞の種類が一致していなくて読みにくい

　　問題点2　各項目の文の数のバランスが悪くて読みにくい

　　問題点3　最後の項目であることを示すマーカーがなくて読みにくい

出来事が起こる順序が決まっているかどうかで接続詞を使い分ける

　【問題】の①〜③の三つの項目は、提示する順序を入れ替えられない、つまり出来事が起こる順序が決まっている文章です。それは、②の行動のあとに①の行動をとるのが不自然であること、また、冒頭に「手順で」と書いてあることからもわかります。

　順序が決まっている場合に、順序を考慮しない「また」のような接続詞を使用すると、**内容と接続詞が一致せず、読み手を混乱させてしまいます。**

　出来事の起こる順序が決まっているかどうかによって、以下のように接続詞の組み合わせを使い分けると、より読みやすい文章になります。

序列の接続詞の組み合わせ

出来事が起こる順序	項目①	項目②	項目③
決まっている	最初に	つづいて	最後に
決まっていない	第一に	第二に また	第三に
決まっていても 決まっていなくてもいい	まず	つぎに さらに	そして

　出来事が起こる順序が決まっていても決まっていなくても使える「まず」や「そして」のような接続詞は、「まず第一に」や「そして最後に」のようにほかのグループの接続詞と一緒に使うこともできます。

各項目の文の数のバランスをそろえる

　対等な関係にある複数の項目を接続詞を使って並べる場合、文の数のバランスをそろえると、より読み手の予測に合った、読みやすい文章になります。

```
まず、○○○○○○。     まず、○○○○○○○。
つぎに、○○○○。○     ○○○○○○。
○○○○。○○○○○     つぎに、○○○○。○○
○○○○○○○○。○     ○○○○○○○。
○○○○○。          そして、○○○○○。○
そして、○○○○○。     ○○○○○。
```

　たとえば、一つ目の項目が5文からなる長い内容だったとしましょう。そうすると、読み手は自然と、次の項目も同じくらい長いものがくるだろう、と予測します。しかし、予測に反して二つ目の項目が1文でおわってしまうと、もうおわりなのかと読み手は拍子抜けすることになります。やや高度なコツではありますが、より読みやすい文章にするためには重要なポイントです。

　ここでは接続詞の使い方を中心にまとめましたが、箇条書きのコツは第8章で詳しく紹介しているので、ぜひご覧ください。

「そして」で最後の項目であることを予告する

　「そして」が文頭で使用されると、それが最後の項目であることを示すニュアンスを持ちます。したがって、最後の項目の文頭で「そして」を使用するのがおすすめです。逆に、三つ項目があるうちの二つ目の項目で「そして」を使うと、読み手はそこでおわりだと思っていたのに、実際には三つ目の項目が出てくるという予想外の展開になってしまいます。読みづらい文章になるため、最後以外の項目で「そして」を使用するのは避けたほうがよいでしょう。

```
第一に、○○○○○○。       第一に、○○○○○○。
そして、第二に、○○○○○○。   第二に、○○○○○○。
第三に、○○○○○○。       そして、第三に、○○○○○○。
```

💡 Before

　文章を書くときは、次のような手順で書くと話の流れがわかりやすくなります。①まず、アウトラインを書いて、文章全体のおおまかな流れを決めます。②また、アウトラインに沿って、内容を埋めていきます。アウトラインを肉付けしていくイメージで書いていくと、話が大きくそれずに書くことができます。書く順序は、必ずしも出だしから順番に書く必要はありません。書きやすい部分から書いていきましょう。③さらに、文章全体の流れを見直し、修正します。

⬇

💡 After

　文章を書くときは、次のような手順で書くと話の流れがわかりやすくなります。①まず、アウトラインを書いて、文章全体のおおまかな流れを決めます。**この段階で、筋の通ったストーリーになっていると理想的です。**②つぎに、アウトラインに沿って、内容を埋めていきます。アウトラインを肉付けしていくイメージで書いていくと、話が大きくそれずに書くことができます。書く順序は、必ずしも出だしから順番に書く必要は**ないので、**書きやすい部分から書いていきましょう。③**そして、最後に**文章全体の流れを見直し、修正します。**できれば自分一人ではなく、ほかの人にも読んでもらって感想をもらうのがおすすめです。**

まとめ

- ☑ **序列の接続詞の使い分け**：出来事が起こる順序が決まっているかどうかで接続詞を使い分けましょう。
- ☑ **バランスの均一化**：各項目の文の数のバランスをそろえると、より読みやすい文章になります。
- ☑ **「そして」の使用**：複数ある項目のうち最後の項目であることを予告するマーカーとして「そして」が有効です。

TOPIC
04 > # 接続詞であることを明確にする

【問題】文章の曖昧さを解消するには、どうすればよいでしょうか。

（1）打ち合わせを近所の喫茶店で行うと、リラックスした状態で臨むことができる。そこで飲み物を摂取しながらであれば他の場所でも同じ効果があるのか、会議室で試してみることにした。

（2）ある取引先の企業は、新しい商品を次々と世に送りだす、いま非常に勢いのある企業だ。また来年には新しい事業を始めて、規模を拡大する見込みもあるらしい。

　【問題】（1）の「そこで」や（2）の「また」を、どのような意味で読んだでしょうか。たとえば、（1）の「そこで」を、「その喫茶店で」と読んだ方もいれば、前の内容にたいしてとる行動が後ろに続くと思って読んだ方もいるでしょう。

　多くの接続詞は、接続詞の用法以外に、別の品詞での用法を持っています。 これが、上記のような曖昧さを引き起こす要因です。

接続詞用法と別品詞の用法の違い

	接続詞用法	別品詞の用法
そこで	前の内容にたいしてとる行動が後ろにくることを予告する	指示語「そこ」＋場所を表す助詞「で」
また	前と似た内容が後ろにくることを予告する	副詞（再びの意味）

解釈の曖昧さを引き起こす問題点

　上記の【問題】には、次のような問題点があります。

　　問題点 接続詞なのかどうかがわからなくて読みにくい

接続詞の後ろに読点を打つ

　副詞などほかの品詞と間違えられてしまう可能性がある場合、接続詞の後ろに**読点を打つ**と、接続詞として理解されやすくなります。読点を打つことで、見た目の面でも意味の面でも、接続詞と後ろの文とを切り離すことができるためです。

　逆に、接続詞ではなくほかの品詞である場合は、読点は打たないほうが誤読されにくくなります（読点については第1章参照）。

💡 **Before**

（1）打ち合わせを近所の喫茶店で行うと、リラックスした状態で臨むことができる。そこで飲み物を摂取しながらであれば他の場所でも同じ効果があるのか、会議室で試してみることにした。

（2）ある取引先の企業は、新しい商品を次々と世に送りだす、いま非常に勢いのある企業だ。また来年には新しい事業を始めて、規模を拡大する見込みもあるらしい。

🔽

💡 After

（1）打ち合わせを近所の喫茶店で行うと、リラックスした状態で臨むことができる。そこで、飲み物を摂取しながらであれば他の場所でも同じ効果があるのか、会議室で試してみることにした。

（2）ある取引先の企業は、新しい商品を次々と世に送りだす、いま非常に勢いのある企業だ。**また、**来年には新しい事業を始めて、規模を拡大する見込みもあるらしい。

まとめ

☑ 接続詞であることの明示：ほかの品詞ではなく接続詞として読んでほしい場合は、後ろに読点を打つようにしましょう。

Chapter

12 惹きつける段落の作り方と全体構成

TOPIC
01 > 段落の見せ方で 文章をわかりやすくする

【問題】読みやすくなるように改行してみましょう。

音楽療法とは、音楽の持つ特性を活かしてリハビリテーションを行うことである。音楽療法は、古代ギリシャ時代から行われていたとされるが、治療法としての効果が認められたのは、第一次世界大戦の帰還兵を癒した治療だといわれている。音楽療法のおもな効果には、不安や痛みの軽減、精神的な安定、自発性・活動性の促進、身体の運動性の向上、表情や感情の表出、コミュニケーションの支援、脳の活性化、リラクゼーションなどが挙げられる。近年、音楽療法がもっとも活用されるようになったのは福祉の現場だ。認知症の高齢者は、音楽を聴いたり歌ったりすることで脳の働きや身体の動き、発声が促される。また、昔の歌を思い出すことで感情表現や笑顔が増え、自信を回復するという。さらに、認知症の予防にも音楽療法が効果的だという研究もある。一方、教育の現場でも音楽療法が親しまれている。子どもは、音楽を介しての自己表現や成功体験をとおして心身の発達が促される。また、音を使って他者とコミュニケーションをとったり、集中力を養ったりすることにもつながるとされる。このように、音楽療法は幅広い現場で取り入れられ、子どもからお年寄りまであらゆる年齢において広く親しまれている。

　これまでも見てきたように、文章のわかりにくさは内容だけが原因ではありません。【問題】の文章はどうでしょうか。字がぎっしり詰まっていて、読みにくいと感じたかもしれません。書き手の熱意がこもっていても、読み手を疲れさせる文章は、損をします。

話題のまとまりを階層で示す

　段落には、形式段落と意味段落があります。形式段落とは、改行1字下げをし、形として目に見える一まとまりを指します。一方、意味段落とは、意味（話題）によって分けられたまとまりです。

　「話題」といっても、どんなサイズなのだろうと思われる方もいらっしゃるかもしれませんが、話題のサイズに決まりはありません。

話題のサイズ

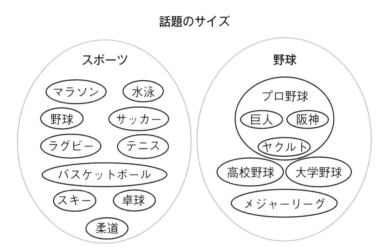

　たとえば、「スポーツ」を一つの話題だと考える場合には、そのなかにマラソン・水泳・野球・サッカー…など、いくつもの種類の競技が含まれることになるでしょう。一方で、「野球」を一つの話題だと考える場合には、さらに小さい話題である日本のプロ野球・メジャーリーグ・高校野球・大学野球といったリーグの種類が話題になるかもしれませんし、プロ野球のなかでも、巨人・阪神・ヤクルト…といったチームが話題に含まれるかもしれません。どの単位を切りとるかによって、話題のサイズは変わってきます。

　話題のサイズに決まりがないように、**段落の長短にも決まりはありません**。つまり、文章のなかには小さい段落と大きい段落が存在することになります。そして、小さい段落がまとまって、大きい段落を作ることもあります。これを複合段落と呼びます。

　本書の目次を見ていただくと、第1部・第2部…という「部」という大きいサイズのまとまりがあり、その下に第1章・第2章…という「章」というまとまりがあります。さらにその下には、小見出しのついた「節」というまとまりが存在し、節のなかにそれぞれの段落が書かれています。つまり、**サイズの違うまとまりが階層構造を成している**のです。

　では、本章冒頭の【問題】の文章を考えてみましょう。この文章は、改行されず、全体が一つのまとまりとして書かれています。どこで話題が区切れているか、見てすぐに予想できないため、延々と続く文章を読むのは、読み手に忍耐力を要します。

　【問題】の文章にはどのような話題のまとまりがあるか、見てみましょう。1文目は、「音楽療法とは」ではじまり、音楽療法の定義がなされています。その後、音楽療法の歴史、音楽療法の効果、音楽療法が用いられている現場の話へと続き、最後は、「広く親しまれている」と結ばれています。いくつもの話題が一続きに書かれていたことがわかります。

<音楽療法の説明>

<音楽療法の定義>

　音楽療法とは、音楽の持つ特性を活かしてリハビリテーションを行うことである。

<音楽療法の効果>

　音楽療法は、古代ギリシャ時代から行われていたとされるが、治療法としての効果が認められたのは、第一次世界大戦の帰還兵を癒した治療だといわれている。音楽療法のおもな効果には、不安や痛みの軽減、精神的な安定、自発性・活動性の促進、身体の運動性の向上、表情や感情の表出、コミュニケーションの支援、脳の活性化、リラクゼーションなどが挙げられる。

<音楽療法の実践>

<福祉の現場>

　近年、音楽療法がもっとも活用されるようになったのは福祉の現場だ。認知症の高齢者は、音楽を聴いたり歌ったりすることで脳の働きや身体の動き、発声が促される。また、昔の歌を思い出すことで感情表現や笑顔が増え、自信を回復するという。さらに、認知症の予防にも音楽療法が効果的だという研究もある。

<教育の現場>

　一方、教育の現場でも音楽療法が親しまれている。子どもは、音楽を介しての自己表現や成功体験を通して心身の発達が促される。また、音を使って他者とコミュニケーションをとったり、集中力を養ったりすることにもつながるとされる。

<音楽療法のまとめ>

　このように、音楽療法は幅広い現場で取り入れられ、子どもからお年寄りまであらゆる年齢において広く親しまれている。

　このように話題のまとまりごとに見出しをつけて形式段落を作ってみると、意味のまとまりが視覚的にも明らかになり、読みやすくなったのではないでしょうか。＜音楽療法の説明＞のまとまりには、＜定義＞と＜効果＞、＜音楽療法の実践＞のまとまりには、＜福祉の現場＞と＜教育の現場＞の小さいまとまりがあり、階層構造があります。

段落の粒度をそろえる

　段落を分けるさいには、それぞれの段落の粒度をそろえる必要があります。ある段落の話題はとても細かく、ある段落の話題は大きいといったアンバランスが起こると、読み手は文章の流れを追うことができなくなり、混乱が生じるので注意します。

　とくに気をつけるべきは、＜福祉の現場＞＜教育の現場＞のように、並列の関係にある話題が複数ある場合です。並べられている段落の粒度が「野球」「サッカー」「テニス」のようにそろっているかどうか、「スポーツ」「ラグビー」「水泳」のようにバラバラになっていないかどうか、注意する必要があります。

段落の中心文を明確に書く

　各段落には、その段落で述べることを簡潔に表した**中心文を書きます**。中心文は段落のなかのどこに書いてもかまわないのですが、中心文が段落のはじめに書かれていると、何の話題についての段落かあらかじめわかるため、読み手の負担を軽くすることができます。

　段落のなかで、中心文以外の文は、すべて中心文を説明するために存在します。段落のはじめに中心文を書き、あとに続く文で中心文を説明する例や理由を挙げ、**段落内のすべての文が、中心文をサポートするように段落を組み立てる**と、一貫性のある段落になりま

す。反対に、中心文を説明するための文以外は、同じ段落には書かないようにします。

　では、先ほどの＜福祉の現場＞の段落を使って中心文を確認してみましょう。

　近年、音楽療法がもっとも活用されるようになったのは福祉の現場だ。認知症の高齢者は、音楽を聴いたり歌ったりすることで脳の働きや身体の動き、発声が促される。また、昔の歌を思い出すことで感情表現や笑顔が増え、自信を回復するという。さらに、認知症の予防にも音楽療法が効果的だという研究もある。

　中心文は段落冒頭の「近年、音楽療法がもっとも活用されるようになったのは福祉の現場だ」という文です。この文が、「音楽療法が活用されている」という話題を提示し、「福祉の現場」というこの段落のキーワードを述べているからです。続く三つの文には、「福祉の現場」にいる高齢者が音楽療法を活用した結果、どのような効果を得ているかという具体例がそれぞれ一つずつ述べられており、中心文を説明しているといえます。

　では、次の＜教育の現場＞の段落はどうでしょうか。中心文とそれ以外の文の関係を確認してください。

　一方、教育の現場でも音楽療法が親しまれている。子どもは、音楽を介しての自己表現や成功体験をとおして心身の発達が促される。また、音を使って他者とコミュニケーションをとったり、集中力を養ったりすることにもつながるとされる。

　＜教育の現場＞の段落も、＜福祉の現場＞の段落と同様、冒頭の

「一方、教育の現場でも音楽療法が親しまれている」という文が、「音楽療法が親しまれている」という話題を提示し、この段落のキーワードである「教育の現場」という語を示しています。2文目と3文目では、「教育の現場」にいる子どもにとって、音楽療法はどのような効果をもたらすかについて具体例を述べているため、中心文を説明している文であるといえます。

中心文は、段落のどこに書かれてもかまいません。はじめに書かれる場合は、上の＜福祉の現場＞や＜教育の現場＞の段落のように、その段落で述べる話題を示し、あとで述べることの概要を説明する中心文になる可能性が高いです。一方、中心文が段落のおわりに書かれる場合は、結論や主張を述べる文になることが多いといえます。

以上のように、話題ごとに改行して、まとまりを視覚的に示すと、読み手は文章の流れを追いやすくなります。また、各段落の中心文を意識し、中心文以外の文がすべて中心文を説明するように段落内部を整えると、まとまりのよい段落になります。段落同士の関係、段落内の構造に気を配ると、文章をわかりやすく見せることができます。

💡 **After**

音楽療法とは、音楽の持つ特性を活かしてリハビリテーションを行うことである。

音楽療法は、古代ギリシャ時代から行われていたとされるが、治療法としての効果が認められたのは、第一次世界大戦の帰還兵を癒した治療だといわれている。音楽療法のおもな効果には、不安や痛みの軽減、精神的な安定、自発性・活動性の促進、身体の運動性の向上、表情や感情の表出、コミュニケーションの支援、脳の活性化、リラクゼーションなどが挙げられる。

　近年、音楽療法がもっとも活用されるようになったのは福祉の現場だ。認知症の高齢者は、音楽を聴いたり歌ったりすることで脳の働きや身体の動き、発声が促される。また、昔の歌を思い出すことで感情表現や笑顔が増え、自信を回復するという。さらに、認知症の予防にも音楽療法が効果的だという研究もある。

　一方、教育の現場でも音楽療法が親しまれている。子どもは、音楽を介しての自己表現や成功体験をとおして心身の発達が促される。また、音を使って他者とコミュニケーションをとったり、集中力を養ったりすることにもつながるとされる。

　このように、音楽療法は幅広い現場で取り入れられ、子どもからお年寄りまであらゆる年齢において広く親しまれている。

まとめ

- ☑ **形式段落でまとまりを視覚化**：改行１字下げをすることで、話題のまとまりを視覚的に示せます。

- ☑ **粒度のそろった並列**：同じ階層の段落を並列するさいは、話題のサイズがそろっているかに注意しましょう。

- ☑ **各文は中心文のサポーター**：各段落には中心文を書き、段落内のすべての文が、中心文をサポートするように段落を組み立てるとわかりやすくなります。

全体構造を整えて
文章をわかりやすくする

【問題】筆者がもっとも伝えたい文に下線を引いてみましょう。

　音楽療法とは、音楽の持つ特性を活かしてリハビリテーションを行うことである。

　音楽療法は、古代ギリシャ時代から行われていたとされるが、治療法としての効果が認められたのは、第一次世界大戦の帰還兵を癒した治療だといわれている。音楽療法のおもな効果には、不安や痛みの軽減、精神的な安定、自発性・活動性の促進、身体の運動性の向上、表情や感情の表出、コミュニケーションの支援、脳の活性化、リラクゼーションなどが挙げられる。

　近年、音楽療法がもっとも活用されるようになったのは福祉の現場だ。認知症の高齢者は、音楽を聴いたり歌ったりすることで脳の働きや身体の動き、発声が促される。また、昔の歌を思い出すことで感情表現や笑顔が増え、自信を回復するという。さらに、認知症の予防にも音楽療法が効果的だという研究もある。

　一方、教育の現場でも音楽療法が親しまれている。子どもは、音楽を介しての自己表現や成功体験をとおして心身の発達が促される。また、音を使って他者とコミュニケーションをとったり、集中力を養ったりすることにもつながるとされる。

　このように、音楽療法は幅広い現場で取り入れられ、子どもからお年寄りまであらゆる年齢において広く親しまれている。

　各段落でもっとも伝えたい内容を書いた文は中心文でしたが、**文章全体をとおしてもっとも伝えたい内容をまとめた文を主題文**といいます。

文章型を意識して主題文を明確に書く

　文章を「はじめ」「なか」「おわり」の三つのパーツに分けた場合、主題文がどこに書かれるかという位置と、主題文が何回書かれるかという頻度によって「文章型（文章構造類型）」が決まります。ここでは、代表的な三つの文章型を紹介します。

代表的な三つの文章型

文章型	主題文が出現する位置と頻度
頭括型	文章のはじめに結論となる主題文を書いてから、後ろで根拠やデータを挙げながらそれを説明していく構造
尾括型	根拠や具体例を説明してから文章のおわりに主題文を書いて全体をまとめる構造
両括型	最初に結論を示してから、展開部で説明し、最後で再び結論を繰り返してまとめる構造

　頭括型・尾括型・両括型という３種のうち、絶対的に正しい文章型が存在するというわけではなく、文章型は文章の目的やジャンルによって変わります。

　たとえば、頭括型の文章の場合、読み手は先に結論がわかるので、文章の流れを理解しながら読み進めることができるという利点があります。

　一方、尾括型は最後まで結論が明示されないため、論をうまく展開しないと読み手にわかりにくい文章になってしまうという危険をはらみますが、最後まで結論が出ないので、読み手を飽きさせずに読み進めさせることができます。小説は先に種明かしをしてしまうと誰も読んでくれませんから、最後まで結論が明かされない尾括型で書かれています。

　両括型は、はじめとおわりに２回結論が繰り返されるので、安定

感があり、わかりやすいといえます。

　では、先に挙げた【問題】の文章で、主題文はどこに書かれていたでしょうか。

> 　このように、音楽療法は幅広い現場で取り入れられ、子どもからお年寄りまであらゆる年齢において広く親しまれている。

　この文章の目的は、音楽療法とはどのようなものであるかを知らせることであるため、「音楽療法は幅広い現場で取り入れられ」ているという最終文が主題文です。最後に主題文が書かれているので、尾括型の文章型であるといえます。

　この主題文を文章のはじめに書けば頭括型、はじめとおわりで繰り返して書けば、両括型になります。**頭括型と両括型は、結論が先に提示され、何のために書かれた文章であるかをあらかじめ理解してから読み進めることができるため、読み手に負担の少ない文章型であるといえるでしょう。**

　では、【問題】の文章で、主題文を文章のはじめに出す場合、どのように書いたらいいでしょうか。文頭の「このように」というまとめの表現を外し、文章のはじめに主題文を持っていけば、頭括型になります。

　頭括型の主題文と、尾括型の主題文の二つをはじめとおわりに置いて繰り返すと、両括型になります。

💡 **After1**（頭括型）

（はじめの主題文）音楽療法は幅広い現場で取り入れられ、子どもからお年寄りまであらゆる年齢において広く親しまれている。

　音楽療法とは、音楽の持つ特性を活かしてリハビリテーションを

行うことである。

　音楽療法は、古代ギリシャ時代から行われていたとされるが、治療法としての効果が認められたのは、第一次世界大戦の帰還兵を癒した治療だといわれている。音楽療法のおもな効果には、不安や痛みの軽減、精神的な安定、自発性・活動性の促進、身体の運動性の向上、表情や感情の表出、コミュニケーションの支援、脳の活性化、リラクゼーションなどが挙げられる。

　近年、音楽療法がもっとも活用されるようになったのは福祉の現場だ。認知症の高齢者は、音楽を聴いたり歌ったりすることで脳の働きや身体の動き、発声が促される。また、昔の歌を思い出すことで感情表現や笑顔が増え、自信を回復するという。さらに、認知症の予防にも音楽療法が効果的だという研究もある。

　一方、教育の現場でも音楽療法が親しまれている。子どもは、音楽を介しての自己表現や成功体験をとおして心身の発達が促される。また、音を使って他者とコミュニケーションをとったり、集中力を養ったりすることにもつながるとされる。

💡 After2（両括型）

（はじめの主題文）音楽療法は幅広い現場で取り入れられ、子どもからお年寄りまであらゆる年齢において広く親しまれている。

　音楽療法とは、音楽の持つ特性を活かしてリハビリテーションを行うことである。

　音楽療法は、古代ギリシャ時代から行われていたとされるが、治療法としての効果が認められたのは、第一次世界大戦の帰還兵を癒した治療だといわれている。音楽療法のおもな効果には、不安や痛みの軽減、精神的な安定、自発性・活動性の促進、身体の運動性の向上、表情や感情の表出、コミュニケーションの支援、脳の活性化、

リラクゼーションなどが挙げられる。

　近年、音楽療法がもっとも活用されるようになったのは福祉の現場だ。認知症の高齢者は、音楽を聴いたり歌ったりすることで脳の働きや身体の動き、発声が促される。また、昔の歌を思い出すことで感情表現や笑顔が増え、自信を回復するという。さらに、認知症の予防にも音楽療法が効果的だという研究もある。

　一方、教育の現場でも音楽療法が親しまれている。子どもは、音楽を介しての自己表現や成功体験をとおして心身の発達が促される。また、音を使って他者とコミュニケーションをとったり、集中力を養ったりすることにもつながるとされる。

（おわりの主題文）**このように、音楽療法は幅広い現場で取り入れられ、子どもからお年寄りまであらゆる年齢において広く親しまれている。**

各段落と主題文の関係を整える

　文章を書く目的は、もっとも伝えたい主題文を読み手に伝えることですから、**各段落は、主題文を伝えるためのサポート役になる必要があります。**

　読み手が納得するような根拠となるデータ、背景や説明などを各段落で示し、主題文が文章全体をまとめるように整えます。

　自分で書いた文章をチェックするさいには、**各段落の中心文だけを続けて読んでみて、文章全体の骨格が見えるかどうかを確かめる**とよいでしょう。中心文が各段落をまとめ、主題文が各中心文をまとめているという階層構造ができていれば、文章全体が一貫性を持ち、読み手に主張が伝わりやすく書けているといえます。

各段落の中心文と主題文のつながりの確認

音楽療法とは、音楽の持つ特性を活かしてリハビリテーションを行うことである。

音楽療法のおもな効果には、不安や痛みの軽減、精神的な安定、自発性・活動性の促進、身体の運動性の向上、表情や感情の表出、コミュニケーションの支援、脳の活性化、リラクゼーションなどが挙げられる。

近年、音楽療法がもっとも活用されるようになったのは福祉の現場だ。

一方、教育の現場でも音楽療法が親しまれている。

このように、音楽療法は幅広い現場で取り入れられ、子どもからお年寄りまであらゆる年齢において広く親しまれている。

まとめ

☑ 明確な主題文：**文章全体でもっとも伝えたい内容である主題文が読み手にわかるように書きましょう。**

☑ 各段落は主題文のサポーター：**各段落が主題文を説明するように構成しましょう。**

☑ 中心文で骨格を確認：**各段落の中心文だけを続けて読むと文章全体の骨格が見えるかどうか確認できます。**

書きながら考える 考えてから書く

　将棋の弱い人と強い人の違いはわかりますか。将棋の弱い人は手を指してから考えます。「一手指したら、王手飛車取りを食らっちゃった。どうしよう」と考えるわけです。しかし、そこでいくら考えても局面が好転することはありません。一方、将棋の強い人は考えてから手を指します。そのさい、どの手が最善か、いくつかの手を比較検討します。そのため、王手飛車取りのようなうっかりミスも起きませんし、明快な思考に基づく一連のストーリーのある手を指しつづけることができます。

　文章もこれと同じです。文章の下手な人は書きながら考えます。行き当たりばったりで書いていくので、そこにはっきりとしたストーリーも説得力もありません。これにたいして、文章の上手い人は考えてから書きます。頭のなかに文章全体の見取り図を描き、それに沿って文章を書いていくので、文章を貫く一連のストーリーが明確になり、文章に説得力が生まれます。

　その見取り図のパーツになるのが段落です。これとこれとこれをこの順序で書こうという見取り図は、段落という形で実現されるからです。したがって、段落というパーツを上手く使えれば、文章全体にまとまりが生まれます。行き当たりばったりの人が書いた文章にも段落はありますが、一貫性はありません。しかし、見取り図に従って書いた文章の段落には一貫性があり、段落に沿って読んでいくと、筋の通った文章が姿を現します。そうした段落の背後には明確な計画性があるのです。

第 **5** 部
感覚表現を洗練する

　どんな表現がよい表現なのかという問いに対する答えは千差万別です。わかりやすい、共感してもらえる、面白みがあって興味を惹くなど、これらはすべてよい表現の特徴です。以上の特徴を持つ代表的なものといえば、オノマトペ、身体表現、比喩表現が挙げられます。

　オノマトペは、感覚を活用して物事を描写するときや、文章を際立たせるために新しい言葉を使いたいときなどに役に立つ言葉です。身体表現は漫画的な描写の仕方で、より相手の共感を得やすい表現です。比喩表現は説明しにくい抽象的な概念を具体的なものや言葉によって表すことができる表現です。

　第5部では、オノマトペ、身体表現、比喩表現を使うことで、凡庸な表現を洗練された表現に磨き上げる方法を学びます。

魅せるオノマトペの使い方

感覚を活用して
オノマトペを使う

【問題】オノマトペを使ってさらにおいしそうな表現にしてみましょう。

（1）焼きたてのパンケーキはとても食欲を誘います。食べてみたら、弾力のある食感で本当においしかったです。

（2）家庭の手作りの水餃子は皮が柔らかいですし、具もたくさん入っているので本当においしいです。

たとえば、普段、何かおいしいものを食べたら「おいしい！」「うまい！」としか感想を言えないあなたが、食べ物を宣伝する仕事を任されたとします。さあ、どうすればいいでしょうか。まず、その食べ物のおいしさが伝わる表現を考えますよね。食べ物の見た目、食感、味…つまり人間の感覚で感じとったことを描写しなければなりません。また、私たちがよくいう五感というのは、視覚、聴覚、触覚、味覚、嗅覚のことです。五感の描写をするときに、感覚表現として使われるオノマトペの出番になります。

なぜオノマトペが感覚表現として効果的かというと、**生き生きとしていて、ヴィヴィットな表現**だからです。

オノマトペの原理

ここで少し言語学的なことをお話しします。言語学者によると、言語の音と意味との関係は恣意的だそうです。たとえば、日本語でワンワンと鳴く動物を「inu」と発音しますが、ほかの言語では

「gou」(中国語)や「dog」(英語)などと発音します。これは言語学的に何か特別な理由があるわけではなく、昔からそのように呼んできたからにすぎません。つまり、音と意味が関係していないのです。これを言語の恣意性といいます。

しかし、唯一言語の恣意性を持たない言葉があります。それはオノマトペです。オノマトペは、音と意味が関係している語彙群です。たとえば、「ふわふわ」といったら本当にふわふわしているような感じがしますよね。それは、「fu」という音と「wa」という音に、日本人にとって特定のイメージがあるからです。一般的な言語が頭で覚えるものならば、オノマトペはわれわれが体で覚えているものです。だから、オノマトペを聞いたときも、体でそのオノマトペが伝えようとするイメージを感じるのです。生き生きとした、臨場感のあるオノマトペを使うと共感を得られるのには、こうした理由があるのです。

感覚を意識しながらオノマトペを使う

適切なオノマトペを考える場合、感覚別に考えると適切なオノマトペが浮かびます。以下、【問題】を見ながら説明していきます。

(1)は、パンケーキの描写文です。パンケーキというと、見た目や食感にかんするオノマトペを考えなければなりません。よく使われるものを下の表にまとめます。

表1　パンケーキの描写に使われるオノマトペ

感覚	オノマトペ
食感	ふわふわ、ふんわり、ふかふか
温度感	ほかほか、あつあつ
歯が入るときの感覚	もちもち、もっちり、しっとり
見た目	こんがり、つやつや

155

では、表1を参考にしながら【問題】を考えてみましょう。

まず、焼きたてなので、**ほかほか、あつあつ**のようなオノマトペが使えます。もし、ちょうどいい程度に焼き目がついている様子なら、**こんがり**も使えます。シロップをかけたら、**つやつや**感が出るので**つやつや**も使えます。また、パンケーキの柔らかくて、口のなかに入ってすぐ溶けてしまいそうな食感に**ふわとろ**という、**ふわふわ**と**とろとろ**を合体させたオノマトペも使えます。さらに、弾力があるという表現は、**もちもち、もっちり**で代用できます。最後に、パンケーキの水分を含んだ食感といえば、**しっとり**が浮かんできます。

 Before

（1）焼きたてのパンケーキはとても食欲を誘います。食べてみたら、弾力のある食感で本当においしかったです。

⬇

 After

（1）**こんがり**焼きたての**ホカホカふわとろ**パンケーキはとても食欲を誘います。食べてみたら、**もちもち**で**しっとり**していて本当においしかったです。

（2）は水餃子の描写文です。水餃子は、食感や触感にかんするオノマトペが多いです。下の表2をご覧ください。

表2　水餃子の描写に使われるオノマトペ

感覚	オノマトペ
触感	つるつる、つるんと、ぷりぷり
歯が入るときの感覚	もちもち、もっちり
具だくさんの感覚	たっぷり、ぎっしり

水餃子は、皮が**つるつる**、**ぷりぷり**している感じが可愛らしいですね。歯が入ると**もっちり**とした食感も魅力的なところです。それに、具を考えると、やはり野菜**たっぷり**、お肉**ぎっしり**の水餃子がおいしそうです。

💡 **Before**

(2) 家庭の手作りの水餃子は皮が柔らかいですし、具もたくさん入っているので本当においしいです。

⬇

💡 After

(2) 家庭の手作りの水餃子は**もっちり**皮で**ぷりぷり**していて、**具たっぷり**のジューシーさで本当においしいです。

まとめ 🖊

☑ オノマトペの活用：オノマトペは**生き生き**としていて、ヴィヴィットな表現です。

☑ オノマトペの探し方：適切なオノマトペを考える場合、感覚別に考えると適切なオノマトペが浮かびます。

TOPIC
02 >

新しいオノマトペを
どんどん作る

【問題】オノマトペの部分をもっと女性ファッション雑誌らしい形にしてみましょう。

(1) ハイウエストの<u>ぴったり</u>なボトムで脚長効果もゲット！！

(2) 大好きピンクも、<u>ふわふわ</u>、<u>もこもこ</u>で女子力倍増。

(3) デートだったらこんな<u>ゆるゆる</u>とするスイートな感じが♡

(4) ゴールドベージュのダウンジャケットは、内側のピンクを<u>ちらっと</u>お見せしてコーデにインパクトをプラス。

(5) きちんと系アイテムでありながら、<u>ぴたぴた</u>でも<u>だぼだぼ</u>でもない絶妙なサイズ感が、こなれた印象を強めてくれる。

　オノマトペは、いろんな語形の変化があることが特徴です。作家の宮沢賢治は新しいオノマトペを作る名手です。作家のようにオノマトペそのものを作るのは難しいかもしれませんが、もともとあるオノマトペの語形を変化させてみて、前後の言葉と一緒に新しい言葉を生みだすのは比較的簡単です。ファッション雑誌は、そういう言葉を大量生産する媒体の一つです。ほかの業界のオノマトペと区別したり、この世界の独特な風味を出したりする、面白いものがたくさんあります。

　【問題】に使われているオノマトペは、一般的なものです。どこか平凡な印象を受けませんか？　では、つぎに、これらの平凡なオノマトペを面白いものに変身させてみましょう。

変化に富むオノマトペへの変身術

まず、「語基」について少しお話します。オノマトペの語基は、オノマトペの中核的な部分です。たとえば、「ふわふわ」「ふわっと」「ふんわり」「ふわっふわ」の語基は「ふわ」となります。では、実例を見てみましょう。

オノマトペの語基＋名詞（あるいは名詞の一部）＝ジャンル専門名詞

Before

（1）ハイウエストの<u>ぴったり</u>なボトムで脚長効果もゲット！！

After

（1）ハイウエストの**ピタボトム**で脚長効果もゲット！！

「ぴったりなボトム」は、「ぴったり」の語基「ぴた」と名詞「ボトム」を組み合わせて「ピタボトム」を作ります。体にフィットする洋服は、よく「ぴた〜」という形でファッション雑誌に登場します。

オノマトペAの語基＋オノマトペBの語基＝新しい語

Before

（2）大好きピンクも、<u>ふわふわ、もこもこ</u>で女子力倍増。

After

（2）大好きピンクも、**ふわもこ**で女子力倍増。

「ふわふわ、もこもこ」は、「ふわふわ」の語基「ふわ」と「もこもこ」の語基「もこ」で「ふわもこ」という省略語を作ります。「ふわもこ」はファッション雑誌で定番の使い方になっているようです。

オノマトペの語基＋形容詞（あるいは形容詞の一部）＝新しい形容詞

💡 **Before**

(3) デートだったらこんな<u>ゆるゆる</u>とするスイートな感じが♡

⬇

💡 After

(3) デートだったらこんな**ゆるスイート**な感じが♡

「ゆるゆるとするスイートな感じ」は、「ゆるスイートな感じ」にすることができます。「ゆるゆる」の語基「ゆる」と形容詞「スイート」をくっつけて新しい形容詞「ゆるスイート」を作ります。

オノマトペの語基＋動詞の一部＝新しいサ変動詞

💡 **Before**

(4) ゴールドベージュのダウンジャケットは、内側のピンクを<u>ちらっと</u>お見せしてコーデにインパクトをプラス。

⬇

💡 After

(4) ゴールドベージュのダウンジャケットは、内側のピンクを**チラ見せ**してコーデにインパクトをプラス。

「ちらっと見せる」は、「チラ見せする」という形に変換することができます。これは日常生活でもよく見られる現象ですが、ファッション雑誌ではとくに一般化されています。さらに、「ちらっと見せる」の「ちらっと」は平仮名で書く場合が多いのですが、「チラ見せ」にする場合は、片仮名の「チラ」にするとより効果的です。表記については第5章をご参照ください。

語基を単独で使う

> **Before**
>
> (5) きちんと系アイテムでありながら、<u>ぴたぴた</u>でも<u>だぼだぼ</u>で
> もない絶妙なサイズ感が、こなれた印象を強めてくれる。
>
> ⬇
>
> **After**
>
> (5) きちんと系アイテムでありながら、「ピタ」でも「ダボ」でも
> ない絶妙なサイズ感が、こなれた印象を強めてくれる。

「ぴたぴたでもだぼだぼでも」は、「ピタでもダボでも」にすることができます。ここも強調するために片仮名とかぎカッコを使っています。カッコについては、第2章をご参照ください。

女性ファッション雑誌では、このような語形の変化によって作られたオノマトペをたくさん使用することにより、活発かつインパクトのある文体が確立されました。オノマトペを作るさいには、ファッション雑誌からヒントをもらうのも一手でしょう。

まとめ

☑ オノマトペの変化ルール：

①オノマトペの語基＋名詞（あるいは名詞の一部）＝ジャンル専門名詞

②オノマトペAの語基＋オノマトペBの語基＝新しい語

③オノマトペの語基＋形容詞（あるいは形容詞の一部）＝新しい形容詞

④オノマトペの語基＋動詞の一部＝新しいサ変動詞

⑤語基を単独で使う

オノマトペで
細やかに動作を描写する

【問題】オノマトペを使って下線の動作を具体的な描写にしてみましょう。

（1）授業中に友だちと小声で冗談を言い合って<u>笑っていたら</u>、先生に怒られました。

（2）妹は母に叱られて部屋のすみで<u>声を殺して泣いています</u>。

（3）夏は<u>いっぱい食べて</u>スタミナをたっぷりつけましょう！

　日本語は動詞が未発達な言語だといわれています。たとえば、英語の場合は、twinkle、glitter、sparkle など、光るという動作を表す動詞がたくさんあります。しかし、日本に漢字が入ってくる前から日本語にあった和語の動詞では、「光る」しかありません。

　一方、日本語はオノマトペが発達した言語です。なぜオノマトペがたくさん作られたかというと、動詞の少なさを補う必要があったことが一つの要因です。**オノマトペ＋動詞でいろいろな細かい動作の描写ができるのです。**

　「光る」の例でいうと、twinkle は「ちかちか光る」、glitter は「ぴかぴか光る」、sparkle は「きらきらと光る」です。それに、オノマトペだけではなくて、「明るく光る」の「明るく」のような非オノマトペの修飾語も使えます。これが、動詞による描写がおおざっぱになりがちな日本語の表現の形なのです。まとめると、こうなります。

> **修飾語（オノマトペがよく使われる）＋動詞**

　動作の描写を細やかな表現にできることで、表現豊かな文章を書けるようになります。どのような修飾語が適切なのか、これには自分の持っている表現力が試されます。よい修飾語を選ぶには、普段の観察と日々の積み重ねが大切です。

動作描写の具体例

　(1) は笑うという動作を細かく描写する問題です。「笑う」のオノマトペもいっぱいありますね。

にっこり笑う

　もっぱら口角を上げて（あるいは前歯を見せて）微笑みの表情を浮かべ、声をたてずに笑う様子。

にかっと笑う

　歯をむき出しにして、声をたてずに表情だけで笑う様子。

くっくっと笑う

　口を開けずに、声を抑えて、人目を忍んで静かに笑う様子。

げらげら笑う

　笑いのツボに入って遠慮なく腹の底から大声を上げて荒々しく、ガハハと笑う様子。

くすくす笑う

　うれしさや楽しさが声になって思わず漏れ出るように、小さく笑う様子。

　(1) のシーンを想像すると、こっそり笑うという意味の「くっくっ」「くすくす」が適切だと思われます。それに、先生に気づかれたことを考えあわせると、「くすくす」がもっともふさわしいでしょう。

💡 **Before**

（1）授業中に友だちと小声で冗談を言い合って<u>笑っていたら</u>、先生に怒られました。

⬇

💡 After

（1）授業中に友だちと小声で冗談を言い合って**くすくす**笑っていたら、先生に怒られました。

　（2）は動作「泣く」をより細かい描写にする問題です。「泣く」のオノマトペもたくさんあって、よく使われるものは以下のとおりです。

しくしく泣く

　声をひそめて弱々しく泣く様子。

おんおん泣く

　大声で激しく泣く様子。

ぼろぼろ泣く

　涙の粒がどんどんこぼれ落ちるように泣く様子。

さめざめ泣く

　涙を流しながら声をたてずに泣きつづける様子。

　（2）は妹が泣くという設定で、「声を殺して」という表現もあるので、「しくしく」を使うと的確に伝わります。

💡 **Before**

（2）妹は母に叱られて部屋のすみで<u>声を殺して泣いています</u>。

⬇

💡 After

（2）妹は母に叱られて部屋のすみで**しくしく**泣いています。

（3）は「食べる」のオノマトペを考えなければなりません。「食べる」のオノマトペには以下のようなものがあります。

ぱくぱく食べる

口を大きく開けてさかんに物を食べる様子。

ガッツリ食べる

おなかがいっぱいになるまで景気よくたくさん食べる様子。

もりもり食べる

旺盛な食欲でどんどん食べる様子。

もそもそ食べる

ハッピー感がなくてたんに栄養を摂取するためだけに食べる様子。

（3）にはスタミナという言葉がありますね。スタミナは「ガッツリ」とよく一緒に使われる言葉です。元気そうなイメージが連想されます。

> 💡 **Before**
>
> （3）夏は<u>いっぱい食べて</u>スタミナをたっぷりつけましょう！
>
> ⬇
>
> 💡 **After**
>
> （3）夏は**ガッツリ食べて**スタミナをたっぷりつけましょう！

まとめ

☑ 日本語の表現の仕方：動詞による描写がおおざっぱになりがちな日本語では、動詞にオノマトペをそえて描写を細やかにします。

Chapter 14 映える身体表現の使い方

01 > 身体表現を知る

【問題】三つの文に同じ身体表現を入れて書き換えてみましょう。

(1) 彼女は真剣に祈っていました。

(2) 仕事と子育ての両立が難しくて、家は毎日散らかっているけど見ないように暮らしている。

(3) 彼はとても集中してその演奏に聞き入っていました。

　私たちの心のなかでは毎日さまざまな気持ちが生まれて、自分で消化したり、人にぶつけたりします。気持ちは心のなかにあるものなので、言葉にしなければ人には伝わりません。しかし、相手に自分の気持ちを理解してもらいたいという欲求は誰しも持っているはずです。また、第三者の気持ちを推測して描写することもあります。そのとき、「怒っている」「喜んでいる」「不機嫌」「焦っている」などといった薄っぺらい表現しかできない人も多いかもしれません。もっと具体的に、どのように怒っているか、どのように喜んでいるかを描写できたらもっと伝わるのに、という場合が多々あります。

　表現が豊かで話が面白くてコミュニケーションがとりやすい人になりたければ、気持ちが伝わる表現を磨くのが近道かもしれません。

　身体表現は気持ちが伝わる表現として使えます。ここでいう**身体表現とは、体の動作にかんする表現のこと**です。たとえば、頭を下げるとか、口を堅く結ぶとか、このような表現です。

身体表現の効果

　身体表現が、気持ちが伝わる表現として使える理由は、とても簡単です。それは、人間の気持ちは動作や表情に無意識に出てしまう可能性が高いものだからです。したがって、その動作や表情を描写することは、気持ちを描くもっとも直接的な手段となります。

　たとえば、「悲しい」と聞くと、意味だけはわかりますが、どういうふうに悲しんでいるかの具体的なイメージは浮かびません。しかし、「目頭を押さえながら葬列に加わる」と聞くと、あっ、悲しんでいるけれどその悲しみを我慢しているような悲しみ方なんだ！とすぐにわかります。「目頭を押さえる」と聞くとその場面がすぐ頭のなかに浮かび、自分もあたかもその場にいあわせたかのような感覚になり、共感も得られます。**抽象的なことを具現化することができる、これこそが身体表現のすごいところです。**

身体表現の多様な解釈

　身体表現を使うときには、**一つの身体表現には多様な解釈がある**ことを忘れないように気をつけましょう。文脈に合う意味で使うのが大切です。文脈のなかでふさわしい使い方をしているか、読む側の立場になって考えてみるのがいいでしょう。以下、【問題】を例に身体表現の解釈の多様性について一緒に見てみましょう。

　(1)〜(3) は、伝えたいことはまったく違いますが、共通の身体表現を入れることができます。それは「目を閉じる」という表現です。

 Before
(1) 彼女は真剣に祈っていました。

⬇

After
(1) 彼女は**目を閉じて**祈っていました。

（1）に「目を閉じる」という身体表現を入れることによって、祈るときの真剣さが伝わってきます。ここの「目を閉じる」は、集中するために視覚情報を遮断するための行為です。祈ること以外には、何かを思い出そうとするときにも使えます。

> 💡 **Before**
> （2）仕事と子育ての両立が難しくて、家は毎日散らかっているけど見ないように暮らしている。
>
> ⬇
>
> 💡 After
> （2）仕事と子育ての両立が難しくて、家は毎日散らかっているけど**目を閉じて**暮らしている。

（2）は、「見ない」という行為を「目を閉じる」という具体的な動作に変換する例です。仕事で忙しい親が家に帰ると、子供がおもちゃなどを散らかしているのが目に入ったものの、くたくたで片付ける気力もなくて…。そういう情景が目の前に浮かびますね。ここ

の「目を閉じる」は、懸命に耐えているニュアンスを漂わせます。

> **Before**
> (3) 彼はとても集中してその演奏に聞き入っていました。
>
> ⬇
>
> **After**
> (3) 彼は**目を閉じて**その演奏に聞き入っていました。

(3) も、集中するために目を閉じると解釈できるのですが、(1) と違うのは、(3) の「目を閉じる」は演奏に浸ってそれを満喫する様子も表していることです。集中するために自分の意志で目を閉じた可能性もあれば、何かを満喫しているうちに無意識に目を閉じた可能性もあります。

(1)〜(3) は、違う情景、感情の描写なのに同じ「目を閉じる」という身体表現を使っています。「目を閉じる」はほかに、寝る、亡くなる、コミュニケーションを拒否するなどの意味でも使えます。

まとめ

☑ 身体表現の使い方：体の動作にかんする身体表現を使って、抽象的な気持ちや感情を具現化して、わかりやすく伝えましょう。

TOPIC
02 > ポジティブな感情を
身体表現で伝える

【問題】気持ちを描写する表現を、もっと相手にわかってもらえる
ように書き換えてみましょう。

(1) 彼は上司に褒められて照れています。
(2) ひさしぶりに会う彼氏の姿が遠くに見えてうれしかった。
(3) 彼は感謝の気持ちを込めて恩師を見送った。

　「うれしい」「楽しい」「うきうき」「ドキドキ」などはポジティブ
な感情です。ポジティブな感情は形容詞で表現することができます。
たとえば、幸福感を覚える感情は、形容詞「幸せ」を使って表すこ
とができます。

　一方、どのように幸せなのか、もっと具体的に伝えたいときは、
身体表現を使うのが有効です。例の「幸せを感じるとき」は、次の
「笑う」動作に関連する表現で描くことができます。

　・顔が輝いている
　・微笑みが絶えない
　・喜色満面

　逆に、もともとはマイナスの意味で使われる表現がプラスの感情
に使われる場合もあります。

　・幸せすぎて涙が止まらない
　・幸せで思わずはぁーってため息が出ちゃう

ポジティブな感情の身体表現の使い方

　身体表現は漫画的な描写の仕方ともいえるでしょう。以上の例でわかるのは、**ポジティブな感情は必ずしもポジティブな表現で描かれるとは限らない**ということです。ポジティブな感情の身体表現を使うときに、まず頭のなかでそのようなシーンを浮かべてから、そのワンシーンを忠実に言葉にするのがいいでしょう。では、【問題】を見ながら一緒に考えましょう。

（1）照れている
　・顔が真っ赤になる
　・微笑む
　・顔を覆う
　・頭を掻く
　・目を逸らす
　・うつむく

　（1）は、主語が男性であり、上司に褒められている設定なので、軽い感じの「照れる」であると想像されます。男性が職場で褒められたあとの反応を考えると、頭を掻いているキャラクターが目の前に現れるかもしれません。

💡 **Before**

（1）彼は上司に褒められて照れています。

⬇

💡 **After**

（1）彼は上司に褒められて**恥ずかしそうに頭を掻いています**。

---

(2) うれしい

・歓声を上げる

・飛びあがる

・満面の笑顔になる

・頬がゆるむ

（2）の場合は、恋している彼女なので、少し恥ずかしい、ニヤニヤするという感じの表現を使いたくなりますね。ここでは、「頬がゆるむ」が一番ふさわしいでしょう。ほっとして、ほんのりにこにこする感じです。

 Before

（2）ひさしぶりに会う彼氏の姿が遠くに見えてうれしかった。

⬇

After

（2）ひさしぶりに会う彼氏の姿が遠くに見えて**頬がゆるんだ**。

---

(3) 感謝する

・頭を下げる

・感謝の涙を流す

・拝む

・深々とお辞儀をする

（3）は主語が恩師とお別れするシーンであると想像されます。恩師に感謝するという設定ですので、「深々とお辞儀をする」が一番ふさわしいでしょう。

Before

(3) 彼は感謝の気持ちを込めて恩師を見送った。

⬇

 After

(3) 彼は**深々とお辞儀をして**恩師を見送った。

まとめ

☑ ポジティブな感情の身体表現の効果：ポジティブな感情を表すとき、心の内容を表す形容詞を使わないで、外に出る身体表現を使ってより繊細な気持ちを表すことができます。

☑ ポジティブな感情の身体表現の使い方：ポジティブな感情の身体表現を使うときには、まず頭のなかでそのようなシーンを浮かべて、忠実に言葉にするのがいいでしょう。

☑ ポジティブな感情の身体表現を使うときの注意点：ポジティブな感情は必ずしもポジティブな表現で描かれるとは限りません。

TOPIC
03 > # ネガティブな感情を 身体表現で伝える

【問題】気持ちを描写する表現を、もっと相手にわかってもらえる ように書き換えてみましょう。

（1）最近、人間関係のトラブルで悩んでいます。
（2）彼は、僕の言葉に不愉快そうだ。
（3）いつも温厚であまり怒らない父に叱られて怖かった。

　「悲しい」「怒っている」「納得できない」などはネガティブな感 情です。ポジティブな感情と同じように、具体的に描写するときに は、身体表現を使うのが有効です。よく使うネガティブな感情の身 体表現には、次のようなものがあります。

　・眉をひそめる
　・頭を振る
　・舌打ちをする
　・汗をかく
　・顔面が蒼白になる
　・目を白黒させる

ネガティブな感情の身体表現の使い方

　ネガティブな感情の身体表現も頭のなかにある漫画的なワンカッ トを言葉にして作ることができます。では、ネガティブな感情の身 体表現の具体例を一緒に見てみましょう。

（1）悩んでいる

　・髪の毛を掻きむしる

　・眉毛が八の字になる

　・腕を組む

　・首をひねる

　・眉間にしわを寄せる

　・頭を抱える

　（1）の場合は、これらの表現のなかから選んでみると、「頭を抱える」がもっともふさわしいでしょう。

 Before

（1）最近、人間関係のトラブルで悩んでいます。

⬇

 After

（1）最近、人間関係のトラブルで**頭を抱え**ています。

（2）不愉快に感じる

　・眉をひそめる

　・眉を曇らせる

　・口を尖らせる

　・口元をゆがめる

　・表情を曇らせる

　・顔をしかめる

　(2) は、もし顔全体でその不愉快さを示しているのならば、「顔をしかめる」が一番ふさわしいですね。「顔をしかめる」は、不快などから表情をゆがめることで、眉のあたりや額にしわを寄せて渋い顔をするという意味です。

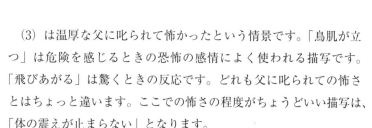

💡 **Before**

(2) 彼は、僕の言葉に不愉快そうだ。

⬇

💡 After

(2) 彼は、僕の言葉に**顔をしかめた**。

(3) 怖い

・体の震えが止まらない

・足が動かない

・冷や汗が止まらない

・鳥肌が立つ

・顔がひきつる

・表情が凍りつく

　(3) は温厚な父に叱られて怖かったという情景です。「鳥肌が立つ」は危険を感じるときの恐怖の感情によく使われる描写です。「飛びあがる」は驚くときの反応です。どれも父に叱られての怖さとはちょっと違います。ここでの怖さの程度がちょうどいい描写は、「体の震えが止まらない」となります。

Before

(3) いつも温厚であまり怒らない父に叱られて怖かった。

⬇

 After

(3) いつも温厚であまり怒らない父に叱られて**体の震えが止まら
なかった。**

まとめ ✐

☑ ネガティブな感情の身体表現の効果：ネガティブな感情を表
すとき、心の内容を表す形容詞を使わないで、外に出る身体
表現を使ってより繊細な気持ちを表すことができます。

☑ ネガティブな感情の身体表現の使い方：ネガティブな感情の
身体表現は、頭のなかにある漫画的なワンカットを言葉にし
て作ることができます。

惹きつける比喩の使い方

TOPIC
01 > 比喩の基礎を知る

【問題】比喩の表現で書き換えてみましょう。

(1) 彼は明るい人です。
(2) 人生は長いです。

　比喩は、「たとえる表現方法」という意味で、文学作品のなかでよく見られる修辞法の一つです。ビジネスにおいても、たとえばスピーチをするときに、上手い人と下手な人がいると思います。その違いは、比喩をうまく使えているかどうかにあります。【問題】(1)(2)のような文は、たんなる事実を述べるだけで面白くない文です。このようなときは、**比喩を取り入れると、伝えたい事柄を強調したり、共感を得たりすることができます。**

よく使う比喩

　よく使う比喩には、**直喩、隠喩、換喩、提喩、諷喩（ふうゆ）な**どがあります。

直喩

　「ようだ」「まるで」などの言葉が使われていて、比喩であることを明示する表現を「直喩」または「明喩」といいます。

隠喩

　「ようだ」「まるで」などの言葉がなく、比喩であることを明示しない表現を「隠喩」または「暗喩」といいます。「直喩」と対をな

す修辞技法であり、西洋ではメタファー（mataphor）とも呼ばれて、伝統のある、レトリックの王道とされています。

換喩

ある事物を表すのに、それと深い関係のある事物で置き換える方法です。たとえば、「永田町」で「国会」をいうときは換喩です。

提喩

上位概念を下位概念で、また下位概念を上位概念で言い換える方法です。たとえば、「人はパンのみにて生きるにあらず」の「パン」はパンだけではなくて、パンを含む上位概念の「食物」を指しています。このような表現方法を提喩といいます。

諷喩

諷喩はたとえだけを提示して、本義を推察させる比喩法です。たとえば、「彼は違う方向にボールを投げてみた」という文を読むと、野球試合の描写だと思いますよね。しかし、もしこの文が次の文脈のなかの一文だったらどうでしょう。「話し合いが深まらず、議論が停滞した。そこで彼は違う方向にボールを投げてみた」。この文脈のなかだと、話すことを野球のボールを投げることにたとえる文だとわかります。このような表現方法を諷喩といいます。

比喩の具体例

まず、直喩を使って（1）について考えてみましょう。（1）は、「明るい人」に直喩を使うと、「彼」のイメージがすぐ読み手の頭に思い描かれるはずです。直喩なので、「明るい何かのように」という表現になります。明るい何かを想像してみてください。

電球	太陽	花火

　このなかでは、太陽が一番ふさわしいと思われます。「真夏の太陽のように」は、眩しくて温かくて、照らされてどんな闇でも消えてしまうような明るさの表現となります。

> 💡 **Before**
> （1）彼は明るい人です。
>
> ⬇
>
> 💡 After
> （1）彼は**真夏の太陽のように**明るい人です。

　つぎに、（2）を隠喩を使って表現してみましょう。隠喩なので「〜のようだ」などの言葉は使えず、「人生は何々です」という文になります。（2）では人生が長いと言っています。人生は長くて、たぶん困難にも満ちているので、そういう特徴のある何かにたとえればいいのです。長くて困難に満ちたものはといえば、山の登り道、旅などを連想するでしょう。

山の登り道　　　　　　　　　　　　　　旅

山の登り道といえば、上に上がるというイメージがあります。人生には、山もあれば谷もありますので、旅にたとえるほうがふさわしいでしょう。人生と旅の類似点は、長いこと、出発点があって終点があること、道のりに楽しさも苦しさもあることです。

 Before

(2) 人生は長いです。

 After

(2) 人生は**長い旅**です。

まとめ

☑ 比喩の使い方：伝えたい事柄を強調したり、共感を得たりしたいときは、直喩、隠喩、換喩、提喩、諷喩などの比喩表現を使いましょう。

何にたとえればいいのかを考える

【問題】イメージしやすい表現に書き換えてみましょう。

（1）花びらがひらひら空中を漂っています。

（2）彼女は僕のやすらぎです。

（3）ふとアイディアが浮かびました。

（4）彼は忠告を聞かない人です。

　比喩を使うことによって、**説明しにくい抽象的な概念などを、具体的なものや言葉で表すことができます**。つまり、比喩の本質は、あることをわかりやすく説明するために、似ているものに置き換えることです。

　また、比喩を用いることによって、**表現に豊かさが増したり、世界観が広がったりします**。日本文学においては、三島由紀夫や川端康成、村上春樹などが洗練された比喩を使うことで評価されています。人のすぐれた比喩を常に気にかけると、センスを磨くことができます。

面白い比喩

　素敵な比喩の表現をいくつか味わってみましょう。

> 女性の唇のたとえ：
> 駒子の唇は美しい蛭の輪のように滑らかであった。

　この文は小説『雪国』のなかの一文です。唇を生き物の蛭と直喩

することは川端康成ならではの表現でしょう。普段、唇から蛭を連想することはなかなかないと思いますが、柔らかさと滑らかさで確実に類似しています。われわれが連想しないのは、蛭がやや不気味なものだからです。この比喩を使うことによって、女性の「危うさ」も暗示されるようになります。

> 論文のたとえ：
> 出来立てほやほやの、湯気の出るような、おいしそうな論文

これは早く執筆された質の高い論文を褒めるときに、料理にたとえる例です。論文というものをおいしい料理にたとえることによって、イメージしやすくなり、面白みのある表現となります。

> 秋の海のたとえ：
> 秋の海の、最初は反発しながら、徐々にこちらに親しんで、やがては媚びてくるような、不思議な温かみが気持ちよかった。

これは作家城山三郎の作品から抜粋した一文です。「反発する」「親しむ」「媚びる」、この一連の動詞は人間の動作を表すものです。これらの動詞を使うことによって、秋の海を擬人化しています。最後の「不思議な温かみ」も自然に導きだされます。作家の見た秋の海が生き生きと読み手の目の前に立ち現れてきます。

比喩の効果を考えながら以上の素敵な比喩の例を見ると、何にたとえればいいのかの答えが出ます。**まず、相手にとってわかりやすいものにたとえなければなりません。それから、似ているのに意外性のある、違うジャンルの何かにたとえられたら効果倍増です。**

たとえの具体例

では、【問題】を考えながら比喩の作り方と効果を実感しましょう。

💡 **Before**

(1) 花びらがひらひら空中を漂っています。

💡 After

(1) 花びらがひらひらと**舞い踊**っています。

---

(1) を考えるときに、まず花びらがひらひら空中を漂っている風景を想像してみましょう。もし人だったら、美しい人が優美に舞い踊っている風景になるでしょう。花びらが漂うことを人が踊ることにたとえることができます。この比喩を使うことによって、親しみの湧く、生き生きとした表現になります。

💡 **Before**

(2) 彼女は僕のやすらぎです。

💡 After

(2) 彼女は僕の**心のオアシス**です。

---

(2) では、彼女と一緒にいると気持ちが休まるという意味を伝えなければなりません。しかし、たんに「僕のやすらぎ」と説明的に言っても、イメージも湧かないですし、面白くもないです。そこで、「僕の心のオアシス」と言うと、彼女の思いやりのある癒し系の人柄も、彼氏の彼女への愛情も自然に描かれるようになります。これは隠喩の力が発揮される例です。

Before

(3) ふとアイディアが浮かびました。

⬇

 After

(3) **一筋の光が射したように、**アイディアが浮かびました。

　(3) は、アイディアがどのように浮かんだかについての詳しい描写を加えると、もっとヴィヴィットな表現になります。ここでは、目に見える光を使い、「一筋の光が射したように」とたとえることができます。それにより、アイディアが浮かんだときのピンとくる感じと、希望が見えたときの喜びを伝えることができます。

 Before

(4) 彼は忠告を聞かない人です。

⬇

 After

(4) 彼は**裸の王様**です。

　(4) では、とにかく周りの忠告を聞かない、自分を見失っている代表的なものを考えなければなりません。すると、童話の裸の王様が典型的なものとして思い浮かびます。「彼は裸の王様です」と言うと、ユーモアがあって妙味を持つ文となります。

まとめ 🖋

☑ たとえるコツ：①相手にとってわかりやすいもの、②似ているのに意外性のある、違うジャンルのものにたとえるといいでしょう。

TOPIC
03 > 慣用的な比喩表現を知る

【問題】慣用表現を考えてみましょう。

（1）恋をすると理性を失ってしまいます。

（2）時間はとても大切なものです。

（3）人生は悪いときばかりだ。

　これまでよく使われてきて、すでに慣用句として定着した比喩の表現もあります。それらの表現をスピーチなどに取り入れると、**伝えたい内容を一言で表すことができたり、より説得力のある文章になったり**します。さらに、少しアレンジを加えることで、ユーモラスでインパクトのある表現を作ることができます。

比喩の慣用句の具体例

　いくつかの具体例を挙げましょう。

💡 **Before**

（1）恋をすると理性を失ってしまいます。

⬇

💡 After

（1）恋は**盲目**です。

　理性を失うといえば、「盲目」という言葉が浮かんできます。盲目はもともと目が見えないことを指しますが、ここでは、恋をするとそれに集中するあまり、周りの物事が見えなくなるという意味合いで使われています。

> 💡 **Before**
>
> (2) 時間はとても大切なものです。
>
> ⬇
>
> 💡 After
>
> (2) 時は金なり。

　大切なものはたくさんありますが、時間のたとえとして適切なものは何でしょうか。一番よく使われるのはお金です。時間とお金の類似点は貴重で、浪費したくないところです。

> 💡 **Before**
>
> (3) 人生は悪いときばかりだ。
>
> ⬇
>
> 💡 After
>
> (3) 人生谷あり谷あり。

　人生のいいときを「山」にたとえ、悪いときを「谷」にたとえる、「人生山あり谷あり」という慣用句があります。(3) は人生は悪いときばかりだということなので、慣用句を少しアレンジして、「人生谷あり谷あり」という文を作ることで、アクセントがつけられます。

まとめ

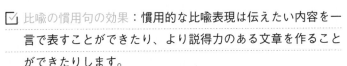

- ☑ 比喩の慣用句の効果：**慣用的な比喩表現は伝えたい内容を一言で表すことができたり、より説得力のある文章を作ることができたりします。**

- ☑ 比喩の慣用句の使い方：**そのまま使っていい場合もあれば、少しアレンジしてユーモラスでインパクトのある表現にしたほうがいい場合もあります。**

論理ではなく五感に訴えて書く

本書の最後にくるのは感覚表現です。詳しく書きこまれた難解な論理重視の文章とは異なり、見やすさ重視の文章は感覚重視の文章です。そこでは感覚に訴える表現が活躍します。

感覚は一般に五感に分けられます。目で見る「視覚」、耳で聞く「聴覚」、鼻で嗅ぐ「嗅覚」、口で味わう「味覚」、そして、手や肌で触る「触覚」です。感覚表現の面白さは、複数の感覚にまたがって使われる点にあります。「甘い声」の「甘い」は本来は味覚、「黄色い声」の「黄色い」は本来は視覚ですが、実際には聴覚として使われています。

ここでは、オノマトペの「ふわふわ」を考えてみましょう。

①視覚：魂の抜けたような、ふわふわした表情

②聴覚：眠そうな、ふわふわした少女の声

③味覚：はっきりしない、ふわふわしたうどんの味

④嗅覚：お菓子のように甘く、ふわふわした香りのせっけん

⑤触覚：柔らかく、ふわふわした手触りのベレー帽

もともとは手で触ったふわふわ感を表す触覚だと思うのですが、あいまいで捉えどころのない柔らかい手触りは触覚に留まらず、視覚・聴覚・味覚・嗅覚にも転移して使われるわけです。

この第5部で見たオノマトペ、身体表現、比喩表現は、私たちの日常生活の感覚を反映する身近で、意味がパッとわかる便利な表現です。その意味で、「見やすい文章」に欠かせない表現群とみることができるのではないでしょうか。

あとがき

　1985年に始まったテレビ朝日系のニュース番組「ニュースステーション」はニュースの歴史を大きく変えました。午後10時という新設枠に、TBS系の歌番組「ザ・ベストテン」の司会として知られた久米宏氏がニュース・キャスターとして入り、アナウンサーとしてではなく、あたかも司会者のようにニュース番組をわかりやすく進行し、ニュースが茶の間に親しみやすいものになりました。

　久米宏氏がニュース番組を制作するうえでとくに気を遣ったのが「見た目」でした。スタジオのセットにも気を配りましたし、何より、自身の服装には注意を払いました。スタイリストである奥様の影響もあったのでしょうが、ファッションも情報の一つとして、ニュースの内容と同じように重要と考えておられたようです。それまでのニュース番組は、語られるニュースの内容がすべてであり、キャスターの服装がメッセージ性を持つとは考えられてもみませんでした。そんななか、カジュアルな服装でニュースの内容を身近なものとして伝えた久米宏氏の姿勢を多くの視聴者が支持し、当時、民放のニュース番組としては異例の高視聴率を獲得しました。

　文章は伝える中身が重要。多くの人は今でもそう考えているでしょうし、私もそう思います。「文章は『見た目』で決まる」という副題は誤解を招くものであったかもしれません。本書が伝えたかったことは、文章は見やすく書かないと、ICT全盛の情報洪水のこの時代、中身を読んでもらうことさえ期待できないという深刻なメッセージです。見る気もしない文章は、当然読む気も起きません。見た目が整っていない文章は、見た目のちぐはぐさばかりが目について、肝心の中身が頭に入ってこないのです。

その意味で、文章の見た目は、文章を読んでもらうための必要条件といえるでしょう。もちろん必要条件を満たしたからといって、みんなが読んでくれるとはかぎりませんが、必要条件さえ満たしていない文章は、誰も読んではくれないのです。文章は、最終的には中身で決まるものですが、中身の良し悪しを判断してもらうためにはまず読んでもらわなければなりません。

　本書では、文章の見た目を作る要素として、記号、文字、レイアウト、文章構成、感覚表現の五つを考えました。文章の見た目の研究は心理学的アプローチが多く、言語という記号にこだわった言語学的アプローチはまだあまり試みられていません。そのため、この五つが適切だったかどうかという疑問は残るのですが、それでも、執筆者一人ひとりが五つの観点から考えられる問題を十分に吟味し、工夫して執筆を進めました。これまでにないこうした試みが読者のみなさんに届き、お書きになる文章の品質向上に役立つとしたら、執筆者としてこれほどうれしいことはありません。

　本書をまとめるにあたり、ぱる出版編集部の岩川実加さんにお世話になりました。以前からお付き合いのある編集者さんでしたが、このように1冊の本の編集をお願いしたのははじめてでした。私たちの意を汲んで、丁寧に編集作業を進めてくださいました。本書の仕上がりがよいと読者のみなさんがお感じになったとしたら、それはひとえに岩川さんのおかげです。

　本書を手にした方々が、「文章を見やすく書く本」として末永くご愛用いただけることを、執筆者一同心から願っています。

2020 年 1 月　執筆者を代表して

石黒 圭

【編著者】
石黒 圭（いしぐろ・けい）
執筆箇所：まえがき・あとがき・コラム
国立国語研究所日本語教育研究領域代表・教授
一橋大学大学院言語社会研究科連携教授
一橋大学社会学部卒業。早稲田大学大学院文学研究科博士後期課程修了。博士（文学）。
専門は読解研究・作文研究。

【著者】
青木 優子（あおき・ゆうこ）
執筆箇所：第9章・第10章・第12章
東京福祉大学社会福祉学部専任講師
早稲田大学法学部卒業。早稲田大学大学院日本語教育研究科博士後期課程修了。博士
（日本語教育学）。専門は作文教育・文章論。

井伊 菜穂子（いい・なほこ）
執筆箇所：第7章・第8章・第11章
東京経済大学非常勤講師
一橋大学大学院言語社会研究科博士後期課程在籍
千葉大学文学部卒業。一橋大学大学院言語社会研究科修士課程修了。修士（学術）。専
門は文章論・接続詞研究。

岩崎 拓也（いわさき・たくや）
執筆箇所：第1章・第2章・第3章
国立国語研究所理論・対照研究領域プロジェクト非常勤研究員
東京学芸大学留学生センター非常勤講師
京都外国語大学外国語学部卒業。一橋大学大学院言語社会研究科博士後期課程修了。博
士（学術）。専門は表記論・句読法。

赫 楊（かく・よう）
執筆箇所：第13章・第14章・第15章
天津外国語大学日語学院専任講師
北京大学外国語学院卒業。一橋大学大学院言語社会研究科博士後期課程修了。博士（学
術）。専門はレトリック・オノマトペ。

田中 啓行（たなか・ひろゆき）
執筆箇所：第4章・第5章・第6章
中央学院大学法学部専任講師
早稲田大学法学部卒業。早稲田大学大学院日本語教育研究科博士後期課程単位取得退学。
修士（文学）。専門は文章・談話論、ノートテイキング。

装丁	石垣由梨（Isshiki）
本文デザイン	徳永裕美（Isshiki）
図版・DTP	精文堂印刷
カバーイラスト	寺崎愛
本文イラスト	エトオミユキ
編集	岩川実加

一目（ひとめ）でわかる文章術（ぶんしょうじゅつ）
文章（ぶんしょう）は「見た目（みため）」で決（き）まる

2020年3月13日　初版発行

編著者	石　黒　　　圭
著　者	青木優子・井伊菜穂子・岩崎拓也・赫楊・田中啓行
発行者	常　塚　嘉　明
発行所	株式会社　ぱ　る　出　版

〒 160-0011　東京都新宿区若葉 1-9-16
03(3353)2835 ― 代表　03(3353)2826 ― FAX
03(3353)3679 ― 編集
振替　東京 00100-3-131586
印刷・製本　中央精版印刷(株)

ISBN978-4-8272-1221-1　C0030